The Open University
centre for
MODERN
LANGUAGES

En rumbo 4

¡No lo dejes para mañana!

página 7

Los medios de comunicación

página 103

ROUTLEDGE

L140 course team

Core course team

Tita Beaven (book co-ordinator)
Vivien Bjorck (course team secretary)
Michael Britton (editor)
Dorothy Calderwood (course manager)
Cecilia Garrido (course team chair)
Enilce Northcote-Rojas (course team secretary)
Ane Ortega (book co-ordinator)
Liz Rabone (editor)
Cristina Ros i Solé (course team member)
Sean Scrivener (editor)
Mike Truman (course team member)

Production team

Ann Carter (print buying controller)
Jonathan Davies (design group co-ordinator)
Jane Duffield (project controller)
Rachel Fryer (project controller)
Janis Gilbert (graphic artist)
Pam Higgins (designer)
Jane Lea (picture researcher)
Siân Lewis (designer)
Jo Parker (liaison librarian)
Dave Richings (print buying co-ordinator)

BBC production team

Jacqui Charlston (production assistant)
Luis España (video producer)
Pol Ferguson (video producer)
Dalia Ventura (audio producer)
Penny Vine (video and audio producer)

Consultant authors

Mike Garrido (Pronunciation Practice Booklet)
Luz Kettle
María Elena Placencia
Carmen Gálvez
Joan-Tomàs Pujolà
Juan Trigo (Audio Drama)

Syllabus advisor

Dr Anne Ife, Anglia Polytechnic University

External assessor

Dr Rob Rix, Trinity and All Saints, Leeds

The course team would like to thank all the people of Barcelona, Galicia, Mexico and Peru who contributed to *En rumbo*. Thanks also go to critical readers, to those who tested the materials and to Dr Robin Goodfellow. Special thanks go to Hélène Mulphin.

First published in 1999 by Routledge; written and produced by The Open University. Reprinted 2004.

ISBN 0 415 20327 9

Edited, designed and typeset by The Open University.

Printed and bound in the United Kingdom by Alden, Oxford and Northampton.

L140ERbk4i1.3

What is 'En rumbo'?

En rumbo is a Spanish course for adult learners studying the language without the support of a classroom teacher. It is aimed at students with a knowledge of Spanish equivalent to GCSE or 'O' level, acquired in a variety of ways ranging from conventional study to informal exposure to the language. The course provides you with an opportunity to develop your listening, reading, writing and speaking skills through exposure to formal and informal authentic Spanish and activities that will gradually help you to achieve a higher level of competence in the language.

World Spanish

Spanish is the most widely spoken of the Romance languages, with an estimated 400 million native speakers. It is spoken in mainland Spain, the Canary and Balearic Islands, and the two Spanish possessions in north Africa, Ceuta and Melilla. It is also spoken in nineteen countries in the Americas and is the official language of Equatorial Guinea, a Spanish possession until 1968. There is a large and growing Spanish-speaking population in the USA, plus significant minorities in Morocco, Western Sahara, the Philippines, the Balkan countries and Israel.

Spanish exhibits a number of dialectal varieties both in Spain and Spanish America, but for practical purposes the course will refer to 'Castilian' and 'non-Castilian' Spanish; the latter comprises not only all the American Spanish varieties, but also some within Spain itself.

The most important differences between Castilian and non-Castilian Spanish are in pronunciation, the most striking being *seseo*, i.e. the pronunciation among non-Castilian speakers of the 'c' in 'ce', 'ci' and the 'z' as the 's' of English 'stop', rather than the 'th' sound as in the English 'theatre'. One difference in grammar is that *ustedes* is used instead of *vosotros* in Spanish America. There are also differences in vocabulary, as one would expect in a language spoken in so many different places. However, Spanish speakers around the world do not find it difficult to understand each other.

Book structure

This book consists of two parts. The first part is divided into four *unidades*, three of which develop language content around a theme. The second part is divided into three *unidades,* which revise the most important language points covered in *En rumbo*. Each *unidad* is divided into study sessions of two to two and a half hours each, which contain clear explanations of the language covered, a variety of examples, a wide range of *actividades* to practise the language, study tips to help you learn the language more effectively and a number of features aimed at introducing variety and making learning more enjoyable. Clear instructions, in Spanish, will guide you through the various *actividades*, topics and features. Answers to the activities, together with extensive explanations, are contained in the *Clave*. In *Atando Cabos* we look at the language covered and summarize it for clearer understanding and easier recall. *¿Sabía Ud. que...?* and *Hispanoamérica* contain interesting and curious facts about the language, culture and history of the Spanish-speaking people. *Del dicho al hecho* suggests activities that will allow you to transfer what you learn to other contexts or which will enhance your knowledge of Spanish and the Spanish-speaking cultures. You will be asked to keep a file, or *Diario*, where you can record notes about vocabulary, grammar, pronunciation, your impressions of a particular topic, ease or difficulty of learning and comments about your progress, all of which will prove useful for revision.

Audio-visual materials

Each book is accompanied by the following audio-visual materials: a video cassette (*vídeo*), an Activities Cassette (*Cinta de actividades*), an Audio Drama cassette (*Cinta del radiodrama*) and a Pronunciation Practice Cassette (*Cinta de pronunciación*) with accompanying booklet (*Cuadernillo de pronunciación*). A Transcript Booklet (*Cuadernillo de transcripciones*) contains transcripts of the video, Activities Cassette and Audio Drama Cassette.

The video has interviews with Spanish-speaking people in locations in Spain and Spanish America. The Activities Cassette has activities to help you develop your listening and speaking skills. The Audio Drama, *Un embarazo muy embarazoso*, is a 'comedy of errors' in which the grammatical structures and vocabulary taught are used in a quasi-authentic context.

The Pronunciation Practice Cassettes and Pronunciation Practice Booklet contain clear explanations about Spanish sounds, stress, rhythm and intonation, together with exercises.

Additional resources

The book makes frequent reference to the Spanish Grammar, the dictionary, and the Study Guide which are respectively *The Oxford Spanish Grammar* by John Butt, *The Oxford Spanish Dictionary* and the Open University's *The Language Learner's Good Study Guide,* all reference publications which will help you to make the most of your learning.

The following icons are used in the book:

Spanish Grammar

Study skills

Dictionary

Video

Diario

Audio

Índice ~

¡No lo dejes para mañana!

Índice ~ Los medios de comunicación

¡No lo dejes para mañana!

¡No lo dejes para mañana! is the first part of the fourth book of *En rumbo*.

The first *unidad*, *Saber cómo pedir*, deals with the different forms of request you should use in different circumstances. It focuses on how important it is to adapt one's language to a situation by making appropriate choices of polite or more direct language.

The second *unidad* is *¡Ojalá se cumpla!* In it you will learn about the hopes and wishes of several Latin American and Spanish people for the new millennium. You will also learn how to express your own expectations for the future.

Unidad 3 has the title of a very famous Latin American song *Quizás, quizás, quizás*. You will learn how to talk about the future in terms of what is possible, what is probable or what is not likely to happen.

Unidad 4 is revision of all the work done in the book.

As this is the last book of the course, instructions for activities are only given in Spanish, but do not worry! You will be able to cope with them by now. *¡Que le vaya bien!*

Unidad 1
Saber cómo pedir

In this *unidad* you will develop the appropriate language for making requests and giving commands in situations of differing degrees of formality. You will have the opportunity to practise the imperative (including the negative imperative) and other forms of direct command. You will also become familiar with the most common formulae used in polite communication and will look at differences in body language between Anglo-Saxon and Hispanic cultures.

Learning objectives

By the end of this *unidad* you should be able to:

- Make requests and give commands in informal situations;
- Use polite expressions for getting things done in formal or semi-formal situations;
- Interpret and describe body language in Spanish-speaking cultures.

Key Learning Points

Sesión 1

- Using the imperative and other forms of request or command in informal situations.
- Use and form of the negative imperative.
- Pronouncing imperative sentences.

Sesión 2

- Making requests in formal situations using set phrases.
- Using polite expressions.

Sesión 3

- Understanding body language in the Spanish-speaking world.
- Describing non-verbal communication.
- Pronouncing parenthetic sentences.

Study chart

Activity	Timing (minutes)	Learning point	Materials
		Sesión 1 Háblame claro	
1.1	30	Listening: *La lechuga, la pechuga y la rosa*	Audio Drama Cassette, Transcript Booklet
1.2	15	Revision of the imperative	
1.3	20	Speaking: practice of imperative forms	Activities Cassette, Transcript Booklet
1.4	30	Speaking: practice of the negative imperative	Activities Cassette, Transcript Booklet
1.5	15	Reading: using a computer responsibly	
1.6	35	Listening comprehension: ways of asking people to do things Direct and indirect language	Activities Cassette
	10	**Pronunciation**: intonation pattern of imperative sentences	Pronunciation Practice Cassette and Booklet
		Sesión 2 ¿Me permite el abrigo?	
1.7	40	Reading: *Seco, impúdico, directo y gritón*	
1.8	25	Writing: different characteristics of people on either side of the Atlantic	
1.9	25	Listening: using polite language when dealing with customers	Video
1.10	20	Listening: polite expressions Choice of language for informal and formal situations	Transcript Booklet, Video
		Sesión 3 La comunicación no verbal	
1.11	30	Describing non-verbal communication	Video
1.12	50	Reading: body language in Northern and Southern cultures Writing practice	
1.13	20	Quiz: understanding Hispanic gestures	
	10	**Pronunciation**: intonation pattern of parenthetic sentences	Pronunciation Practice Cassette and Booklet

Sesión 1 Háblame claro

In this *sesión* you will work on the use of 'direct language' for requests and getting things done. This will involve revising and expanding the use of the imperative, including the negative imperative. You will also practise using the *tú* or *usted* form of the imperative according to the situation you are in.

Actividad 1.1

En esta actividad va a trabajar sobre el séptimo episodio del radiodrama, *La lechuga, la pechuga y la rosa.*

1 Antes de escuchar el Episodio 7 repase los puntos clave de lo que sucedió en el episodio anterior. Si no se acuerda, lea otra vez la transcripción concentrándose en la parte en la que Isabel y Rosita hablan del poema. Conteste las siguientes preguntas:

(a) ¿De qué trataba el poema?

(b) ¿Qué es lo que sorprendió a Isabel cuando lo leyó?

(c) ¿Qué es lo que sospecha Isabel?

2 Ahora escuche el comienzo del Episodio 7, sólo la parte de la narradora, y conteste las siguientes preguntas:

(a) ¿Cuánto tiempo ha pasado desde los hechos del capítulo anterior?

(b) ¿Se han reconciliado Isabel y Carlos?

(c) ¿Cómo traduciría 'Pero Carlos vuelve a insistir'?

3 Ahora escuche el Episodio 7 completo. Este episodio es muy dramático y usted va a identificar los momentos de mayor o menor dramatismo. Utilice el cuadro siguiente con los momentos clave del capítulo. Dé una valoración de 1 a 3 a cada uno de los momentos:

1 = bajo

2 = medio

3 = alto

You can identify changes in dramatic tension by paying attention to the way the participants in a conversation express themselves. Changes in volume, tone or speed of speech are often signs of greater or lesser tension. Use these clues to grade the following moments of the episode accordingly.

(a) Isabel finalmente le dice a Carlos por qué está enfadada. ❑	(b) Carlos no entiende de qué está hablando Isabel y discuten. Isabel saca el poema. ❑	(c) Isabel se encierra en su habitación. ❑

(d) Entran Zacarías y Rosita, y Carlos les explica lo que pasa. ❑	(e) Zacarías entiende lo que ha pasado de verdad y lo aclara todo. ❑	(f) Carlos e Isabel se reconcilian. ❑

(g) Zacarías pide a Carlos el poema para mandárselo a Rosarito. ❑	(h) Zacarías recita su poema. ❑	(i) Final del episodio entre risas y alegría. ❑

4 Ahora conteste las siguientes preguntas:

(a) ¿De qué le acusa Isabel a su marido?

(b) ¿Cómo reacciona Carlos ante las acusaciones de su mujer?

(c) ¿Quién es el causante del malentendido?

(d) ¿Cómo se resuelve la situación?

(e) ¿De qué trata el poema de Zacarías?

Actividad 1.2

Ahora va a practicar el imperativo.

1 Los verbos que vienen a continuación aparecen en el radiodrama. Transforme el infinitivo en la forma apropiada del imperativo.

Ejemplo

(Jurar) que no tienes una amante.
Jura que no tienes una amante.

(a) ¡(Tomar) el poema, tuyo es!

(b) ¡Isabel, (abrir) la puerta!

(c) ¡(Confesar) la verdad!

(d) ¡(Recordar) que estás embarazada!

(e) (Recitar) tu poema, papá.

2 A continuación estudie las siguientes formas del imperativo que aparecen en el radiodrama y tradúzcalas:

(a) cuéntame

(b) confiésalo

(c) dáselo

(d) déjame

(e) hazme el favor

Atando cabos

Enclitic forms of object pronouns with the imperative

When an object pronoun accompanies an imperative, the pronoun is attached to the end of the imperative, as in the following examples:

cuenta + me → cuéntame

confiesa + lo → confiésalo

Pronouns of this kind are called enclitic. Note the accents in the examples – the stress pattern of the basic imperative remains the same in spite of the addition of the pronoun to the end of the word.

Enclitic pronouns also occur with the infinitive and with the gerund:

Voy a contarlo.

Estoy contándolo.

though in these two cases the enclitic form is not always obligatory. One could equally well say:

Lo voy a contar.

Lo estoy contando.

3 Practique los pronombres enclíticos. Haga frases siguiendo los ejemplos.

Ejemplo

¿Has llamado a Carmen? Llámala ahora mismo, está esperando.

¿Ha terminado la carta? ¿No? Pues termínela.

(a) ¿Has hecho las maletas? ¿No? Pues ……

(b) ¿Han leído el artículo? ……

(c) ¿Has felicitado a Lourdes por su cumpleaños? ……

(d) ¿Ha escrito al señor Martínez? ……

(e) ¿Habéis terminado la partida de ajedrez? ……

4 Ahora observe las siguientes expresiones, también del radiodrama, y conteste las preguntas.

¡cállate!

¡cálmate!

¡quédate!

(a) ¿Cuál es el infinitivo de estos verbos?

(b) ¿Qué tipo de verbos son?

Actividad 1.3

Un compañero de trabajo se marcha y usted ha propuesto hacerle una fiesta de despedida. Como ha sido su idea, y además usted tiene fama de ser supereficiente, sus compañeros le han pedido a usted que organice todo… ¡y a todos!

1 Aquí tiene una lista de lo que hay que hacer. En primer lugar asigne a cada persona de la lista una tarea. Marque la casilla correspondiente.

hacer la colecta
organize the collection

	Ana y Raúl	Eugenia	Martín	Carlos y Leticia
hacer la colecta				
comprar el regalo				
ir a la pastelería y encargar la comida				
preparar la mesa y poner la comida				
traer música… ¿quizás boleros y tangos?				

2 Después de hacer la lista, grábese en una cinta diciendo a todos lo que tienen que hacer. Use el imperativo.

Ejemplo

Eugenia, tú **haz** una colecta para el regalo.

3 Escuche el Extracto 1 de su Cinta de actividades, donde encontrará una respuesta modelo.

Atando cabos

Softening the force of the imperative

The imperative is used a great deal in Spanish, as 'direct language', which does not mean that the speaker is being rude or impolite. Nonetheless, various expressions are used to soften the force of the imperative, such as:

Por favor: Abre la puerta, por favor.

Anda… : Anda, prepara el café.

Cariño… : Cariño, contesta el teléfono.

cariño
darling, dear

Note that *anda* and *cariño* are very familiar terms.

Actividad 1.4

Hasta ahora ha practicado cómo decirle a alguien que haga algo. En esta actividad va a aprender a decirle a alguien que **no** haga algo. Para ello tendrá que aprender la forma del imperativo negativo.

1 Mire esta frase que aparece en el radiodrama. Es un ejemplo de cómo se le dice a alguien que no haga algo. Busque en la transcripción del radiodrama (Episodio 7) otros ejemplos de imperativos negativos y subráyelos.

Ejemplo

¡**No te hagas** el tonto!

2 Mire el cuadro e intente identificar los cambios que sufre el infinitivo para formar el imperativo negativo. Después lea el Atando cabos.

	hablar	**comer**	**abrir**
tú	no hables	no comas	no abras
usted	no hable	no coma	no abra
vosotros	no habléis	no comáis	no abráis
ustedes	no hablen	no coman	no abran

Atando cabos

The negative imperative

Remember the form of the imperative in affirmative sentences:

- tú – habla, come, abre
- Ud./Uds. – hable/hablen, coma/coman, abra/abran

The imperative of negative sentences follows the Ud./Uds. endings of the affirmative imperative. Verbs whose infinitives end in **-ar** will have their endings in **-e**, and verbs with infinitives ending in **-er** or **-ir** will have endings in **-a**. This form of the verb coincides with that of the present subjunctive (on which all negative imperatives in Spanish are based). You will become familiar with the present subjunctive shortly.

Remember that in Latin America the *ustedes* form of the imperative is used instead of the *vosotros* form, e.g. *¡niños, no se tomen esa agua!*

Behaviour of irregular and radical changing verbs

Most of the examples of negative imperatives from the Audio Drama are of irregular verbs. The same endings have to be applied as for regular verbs but the root of the verb changes.

-ar → - e	pensa**r** → **no** piens**es**
-er → - a	hac**er**(se) → **no** te hag**as** el tonto
-ir → - a	segu**ir** → **no** sig**as** dec**ir** → **no** dig**as** re**ír**(se) → **no** os ri**áis**

Note that any object or reflexive pronouns will be placed **before** the verb (e.g. *duchar**se*** → *No **te** duches*). Look at this feature in the examples above.

The rule is simple for *tú*, *usted* and *ustedes* – those verbs that have an irregularity in the first person of the present tense will carry that irregularity to the negative imperative. You will know most of these basic irregular verbs by now. Take the verb *tener*, for instance: the first person of the present is *tengo*, so the *tú* form of the negative imperative will be *no tengas*.

The vosotros form, however, of some irregular verbs may present further irregularities (e.g. *sentir(se): no te sientas, no se sienta, no se sientan* but *no os sintáis*). Do not worry about this at this stage. Remember that the rule works for the great majority of verbs!

G The negative imperative is covered on pages 36-7 of your Spanish Grammar.

3 Complete el cuadro con las formas del presente de indicativo (sólo la primera persona) y del imperativo negativo (sólo la forma de 'usted') de algunos verbos irregulares o con cambios vocálicos en su raíz (*radical changing verbs*).

Infinitivo	Presente (yo)	Imperativo negativo (Ud.)
tener	tengo	no tenga
decir	digo	
pensar		
salir		
dormir		
reírse		
hacer		

4 Ahora, ¡a practicar! Escuche el Extracto 2 de su Cinta de actividades, donde varias personas le dirán lo que van a hacer. Usted tendrá que decirles que no lo hagan. Siga el estímulo.

Actividad 1.5

A continuación podrá practicar el imperativo negativo con el texto *Los diez mandamientos para la etiqueta de la computadora.*

1 Primero encuentre en el texto el equivalente en español a las siguientes palabras:

files, to steal, to bear false witness, to pry into, to harm

1 No usar la computadora para hacer daño a otras personas.
2 No interferir con el trabajo computacional de otras personas.
3 No husmear en los archivos de otras personas.
4 No usar una computadora para robar.
5 No usar la computadora para levantar falsos testimonios.
6 No utilizar o copiar programas que no hayas pagado.
7 No utilizar recursos computacionales de otras personas.
8 No apropiarse del trabajo intelectual de otras personas.
9 Pensar en las consecuencias sociales del programa que escribas.
10 Usar la computadora siempre mostrando consideración y respeto.

(Adaptado de http://www.supernet.com.mx/tutor/etiqueta/)

2 Usted decide decirle a un amigo suyo cuáles son las reglas de uso de la Internet. Para ello transforme los infinitivos de todas las frases en imperativo. ¡Ojo! No todos los imperativos tienen que ir en negativo.

¡Ojo! Watch out!

Ejemplo

No usar la computadora para hacer daño a otras personas.

No uses la computadora para hacer daño a otras personas.

Actividad 1.6

Las cosas se pueden pedir de muchas maneras. En esta actividad observará cómo se puede ser más o menos directo a la hora de pedir o de mandar… por ejemplo, a un niño.

1 Escuche el Extracto 3 de su Cinta de actividades. Después de escuchar la grabación conteste las siguientes preguntas:

(a) ¿Quién está hablando, de quién está hablando y cuál es la situación que se describe?

(b) ¿Qué cuatro expresiones usa esta persona para conseguir que Julia haga lo que ella le pide?

La primera vez: ……

y también: ……

La segunda vez: ……

La tercera vez: ……

Atando cabos

Expressing commands: *¡A + infinitive!*

Note that in the first two sentences the speaker includes herself in the request in order to soften the effect of the imperative. In the second sentence *¡Venga!* gives urgency to the request. In the third sentence she gives a direct command: *¡A lavar las manos!*

¡A + infinitive*!* is a very common structure you will often hear in Spanish to express commands. It is used in a colloquial or familiar context. Here are other examples:

¡A estudiar!, ¡A trabajar!, ¡A bañar!

This is a form that is meant to be short for impact. When used in this structure, pronominal verbs may drop their pronouns, eg. *lavarse las manos: ¡A lavar las manos!* Such deletion of the pronoun is, however, rare in Spanish America.

2 ¿Qué forma de imperativo podría haber usado la madre en lugar de '¡A lavar las manos!'?

3 ¡A practicar! Escuche el Extracto 4 de su Cinta de actividades y transforme las órdenes que aparecen en otras con la estructura '¡A + infinitivo!'. Compruebe sus respuestas en el Cuadernillo de transcripciones.

Del dicho al hecho

Writing your own decalogue will give you further practice of the imperative. Write it about anything you want, but in case you are running out of ideas, here are a few: how about the 10 golden rules for being a good father or mother (or for being a horrible dad or mum)? Or... 10 rules for the good housekeeper. Or even 10 rules for safe and enjoyable drinking!

Pronunciación

Do the exercises in *Práctica 34* of the Pronunciation Practice Cassette and Booklet to practise the intonation pattern of imperative sentences.

Sesión 2 ¿Me permite el abrigo?

In the previous *sesión* you became familiar with forms that could be considered 'direct language' in Spanish. In some situations, though, too direct an expression may sound rude. There are also differences between Spain and Spanish America on this matter. In this *sesión* you will learn set phrases for expressing yourself in a less direct way in order to sound polite.

Actividad 1.7

El uso de lenguaje más o menos directo depende de la situación en que uno se encuentre, pero también hay diferencias importantes a través de las diferentes culturas. El texto *Seco, impúdico, directo y gritón* habla de las diferencias entre los españoles y los hispanoamericanos.

1 Antes de leer el texto reflexione sobre estas preguntas:

(a) ¿Cree que hay diferencias en el modo de expresarse de los españoles y de los hispanoamericanos?

(b) ¿Quiénes cree usted que son más directos, los españoles o los hispanomericanos?

2 Ahora una las palabras españolas con las palabras inglesas correspondientes.

cortés	frankness
cortesía	savagely
grosero	fussy
melindroso	rude
bravo	politeness
franqueza	polite
salvajemente	angry

3 Ahora lea el texto y subraye las frases que significan lo contrario de las siguientes. (Las frases de la lista y las del texto aparecen en el mismo orden.)

(a) Los españoles están siempre de buen humor y muestran un trato agradable.

(b) Los sudamericanos y los españoles tienen las mismas fórmulas de cortesía y de comportamiento social.

(c) Los latinoamericanos se caracterizan en general por la expresión más directa y concisa.

(d) Los sudamericanos, en general, van al grano y dicen lo que piensan.

(e) Los españoles están acostumbrados a la hipocresía y al lenguaje indirecto.

(f) Todo esto demuestra que los españoles y los latinoamericanos tienen muy poco en común.

Seco, impúdico, directo y gritón

Pienso escribir un manual para conocer a los españoles. Después lo regalaré a las principales aerolíneas a fin de que lo incluyan en todos sus vuelos desde Iberoamérica, al lado de la bolsita para el mareo y la hoja de evacuación del avión en caso de emergencia. En este manual me propongo advertir a los turistas sudamericanos acerca de las características de los españoles, para que no se sorprendan, para que no se enojen y, sobre todo, para que no se asusten.

Mi intención es explicarles que, aunque todos los españoles parecen hallarse en estado permanente de mal genio, se trata en realidad de gente normal, gente como uno, que incluso puede llegar a ser muy agradable. Sólo que sus costumbres de cortesía y conducta social difieren muchísimo de las americanas. Éstas, moderadas por el carácter tímido e introvertido del indio y rizadas por la cordialidad bullanguera del negro, chocan muchas veces con las de los españoles – sobre todo los españoles no andaluces.

bullanguero lively, fun-loving

En ese manual yo advertiría a los *sudacas* que deben tener presente cinco cosas: los españoles son más secos, más francos, más gritones, más impúdicos y muchísimo menos tímidos que los hispanoamericanos.

sudaca someone from South America (pejorative term)

MÁS SECOS. Las normas de cortesía del *sudaca* cortejan la ambigüedad y la profusión. El saludo más corriente en Bogotá contiene cuatro preguntas seguidas: '¿Qui'hubo, cómo está, cómo te va, qué has hecho?'. Nadie, al saludar así, espera que le respondan el cuestionario. Pero sabe bien que si se limita a decir 'qui'hubo' lo tomarán por grosero. El español, en cambio, dice 'hola'. Y, si es muy cortés y melindroso, agrega 'bóos días'. El turista *sudaca* debe aprender que, por sólo decirle 'hola', el español no está necesariamente bravo con él. Es que ambos tienen ideas distintas sobre la cortesía. Esto podrá ser bueno o malo, pero es así.

¿Qui'hubo? ¿Qué tal?

Bóos días Buenos día:

MÁS FRANCOS. Los *sudacas* están acostumbrados a una alta dosis de hipocresía blanca en sus relaciones sociales. Su lenguaje es indirecto, a veces sutilmente irónico. Si un español invita a un *sudaca* a su casa y se le quema la paella, cuando le pregunte si le ha gustado el almuerzo debe esperar una respuesta de este estilo: 'Me encantó. Sobre todo el arrocito oscuro del fondo. Un día de éstos me das la receta'. El español, en cambio, está acostumbrado a una franqueza casi brutal. Ésta sería la respuesta de un castellano común y corriente a quien le ha servido arroz quemado: 'Pero señora, ¡cómo cree usted que me puede gustar una paella que sabe a carbón de encina!'.

encina holm oak

Consejo para el *sudaca*: no haga preguntas peligrosas, a menos que esté dispuesto a obtener respuestas salvajemente sinceras. Esto podrá ser bueno o malo, pero es así.

Son éstas, pues, las cosas que hacen diferentes a los españoles de los sudacas. Pero descontada su mayor sequedad, su mayor franqueza, su capacidad para susurrar a gritos, su deliciosa impudicia y su inexistente timidez, hay que decir que los españoles se parecen mucho a los de América: les gustan las juergas, bailan boleros y hablan algo que, aunque se parece cada vez más al inglés, aún conserva interesantes rasgos del castellano. Esto podrá ser malo o bueno, pero es así. ■

(Adaptado de 'Seco, impúdico, directo y gritón', Daniel Samper Pizano, *Cambio 16*, 14 de septiembre de 1992)

Sabía Ud. que...

En este texto 'Iberoamérica' e 'Hispanoamérica' significan lo mismo. En otros contextos el término 'iberoamericano' intenta integrar los dos orígenes (ibero y americano), como en el caso de 'El Instituto de Cooperación Iberoamericana'.

'Americano', para los hablantes de español de América, significa en la mayoría de los casos relativo al continente americano y no exclusivamente a los EEUU, e incluso muchas veces se refiere únicamente a América Latina.

El gentilicio 'suramericano' o 'sudamericano' ha dado origen en España a la palabra 'sudaca', la cual ha ido adquiriendo un matiz peyorativo y no es aconsejable usarla.

Actividad 1.8

Daniel Samper describe muy humorísticamente a las gentes a ambos lados del Atlántico.

1 Busque en el texto las palabras o expresiones que describen a cada uno y agrúpelas de la siguiente manera:

Hispanoamericanos	**Españoles**
tímido e introvertido	parecen siempre de mal genio
ambigüedad y profusión...	secos...

2 Ahora le toca a usted. Usando el vocabulario y las expresiones que conoce escriba las diferencias que existen entre los británicos y los norteamericanos (o los australianos), entre los ingleses y los escoceses, o cualquier otro grupo.

Actividad 1.9

En esta actividad verá el programa de vídeo *Sus deseos son órdenes*, donde el señor Delgado cuenta la necesidad de usar lenguage cortés cuando se está tratando con clientes.

1 Antes de ver el vídeo haga una lista de tres o cuatro cosas que espera del servicio de un restaurante.

Ejemplo

Rapidez en el servicio

2 En la primera parte del vídeo se mencionan e ilustran dos contextos: la cocina y las situaciones de cara al público (como el restaurante). Vea la secuencia (01:10:53 – 01:12:38), y conteste las siguientes preguntas:

andarse con rodeos
to beat about the bush

(a) Según el vídeo, ¿qué diferencias de lenguaje hay entre estas dos situaciones?

(b) El profesor Delgado dice que el concepto de atención al cliente debe englobar todo lo que el cliente espera encontrar en el servicio de un restaurante. ¿Qué cosas menciona el señor Delgado?

3 Vea ahora el resto de *Sus deseos son órdenes*, (01:12:40 – 01:16:28). Mientras escucha, marque las frases que oiga.

(a) Déme su abrigo, por favor. ❑

(b) ¿Quiere que le llevemos el abrigo al guardarropía? ❑

(c) Si son tan amables, ¿me acompañan por favor? ❑

(d) ¿Querría hacerme el favor de decirme dónde están los servicios? ❑

(e) ¿Han decidido ya los señores? ❑

(f) ¿Me podría explicar de qué se compone la ensalada mediterránea? ❑

(g) ¿Podría recomendarme un vino para la carne? ❑

(h) ¿Sería tan amable de traerme otro tenedor? ❑

(i) Perdonen la interrupción, pero es muy tarde y les ruego que se vayan. ❑

(j) Lo siento muchísimo, estamos cerrando caja… ❑

Actividad 1.10

En el vídeo Ricardo Delgado describe el tipo de fórmulas que él usaría para recibir a los clientes, para coger la orden y para pedir a los clientes que se vayan porque es hora de cerrar. En esta actividad se familiarizará con este tipo de fórmulas.

1 A continuación tiene la transcripción de algunas frases del vídeo a las que faltan las fórmulas de cortesía. Vea de nuevo la secuencia (01:12:47 – 01:15:59) y complete las frases. Compruebe sus respuestas en la transcripción.

Bueno, pues… después de habernos presentado, de haberles dado la bienvenida, le diríamos al señor posiblemente: 'Perdón ¿…… el abrigo?

Después de habernos presentado, les diría: ' Señor, …… , ¿me acompañan , por favor?

¿…… explicar de qué se compone la ensalada mediterránea?

Mire, ……, estamos cerrando caja, y …… les vamos a entregar la nota y así podemos ir acabando de cerrar nosotros la caja.

Atando cabos

Choosing the right language to match the degree of formality of a situation.

Language changes according to the situation. When requesting services or asking for something in a polite manner, you can use expressions that soften the tone. The following table offers you guidelines for the main differences between speech in informal and (semi-)formal situations in Spanish.

Informal situation	Formal/semi-formal situation
Use of *tú* Use of the imperative (+ *por favor*), e.g. *Pásame la sal, por favor.* Use of an interrogative sentence stating the request: *e.g. ¿Me pasas la sal?; ¿Me abres la puerta?* Note that the use of *por favor* in Spanish is not as compulsory as 'please' in English.	Use of *usted* Use of set phrases, often using the conditional: *¿(Me) podría... / ¿Sería tan amable de... /¿Me hace el favor de... / Quisiera... / ¿Le importaría...* + infinitive?, e.g. *¿Me podría pasar la sal?; ¿Sería tan amable de pedirme un taxi?; ¿Me hace el favor de firmar aquí?; ¿Le importaría traerme un vaso de agua?*

It is not always easy to ascertain when to use *tú* and more friendly language, and when to use *usted* and more polite language. The decision about the choice of language in each situation is governed by a complex set of unwritten social codes. If in doubt, non-native speakers should use more formal language, particularly in Spanish America. A 'sensible' choice of language for most situations would be: use of *usted*, and simple formulae such as *por favor, perdone, ¿Podría...?, Quisiera...*

2 ¡Manos a la obra! ¿Qué expresiones usaría en las siguientes situaciones? Grábese si lo desea.

(a) Usted está en la oficina de correos y quiere comprar sellos.

(b) Le ha gustado su comida en el restaurante y querría la receta del plato.

(c) En la gasolinera quiere que le llenen el depósito de gasolina.

(d) En la oficina de turismo usted pide que le expliquen cómo llegar a Jujuy.

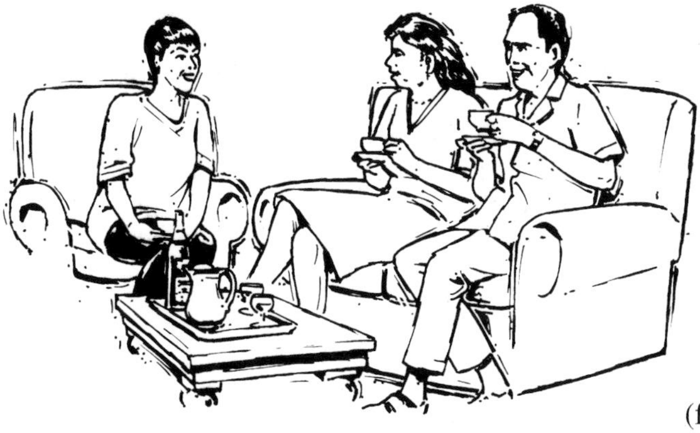

(e) En casa de sus amigos, les pide que le enseñen sus fotografías de las vacaciones.

(f) En el portal de su casa, le pide a su esposa / hermana que le abra la puerta.

Sesión 3 La comunicación no verbal

We don't communicate with words alone. Our body language and behaviour are important parts of everyday communication too. But there are important differences between cultures and in this *sesión* you will have the opportunity to learn more about the body language of the Spanish-speaking world.

Actividad 1.11

Es esta actividad aprenderá a describir el tipo de cosas que el lenguaje corporal comunica.

1 Vea la secuencia de vídeo (01:13:53 – 01:14:25) (o lea la transcripción desde 'Mira, una de las cosas…' hasta '… pues para nosotros es muy importante'), donde Ricardo Delgado intenta definir lo que él llama 'la elegancia natural de los profesionales de sala', y tome notas de las palabras clave que él utiliza.

2 Las expresiones de la izquierda son las que usa el señor Delgado. Una cada una de ellas con la expresión opuesta de la columna de la derecha:

(a) Sabe moverse bien.	(i) Hace las cosas de una manera un tanto torpe y es un poquito bruto.
(b) Actúa con elegancia.	(ii) Da la impresión de estar aburrida o enfadada.
(c) Transmite una sensación de saber hacer.	(iii) No parece que lleva mucho tiempo haciendo esto y se la ve nerviosa.
(d) Transmite una sensación de alegría.	(iv) No se le ve soltura al moverse por el comedor.
(e) Transmite una sensación de dominar el trabajo.	(v) Muestra una gran falta de atención al detalle.

Atando cabos

Describing non-verbal communication

You can use:

- Expressions that qualify the way somebody moves:

  Se mueve con gracia/ bien.

  Camina pisando fuerte.

  Gesticula sin parar.

pisando fuerte assertively

- Verbs for describing a feeling or quality that somebody conveys:

  Comunica fuerza.

  Transmite (una sensación de) serenidad.

- Other expressions that have to do with the image or the impression somebody gives:

  Da la impresión / la sensación de estar agotado.

  Muestra un gran dominio de la situación.

  Se ve que está contenta.

  Parece contento. / Parece que está contento.

3 Vea la secuencia de vídeo (01:12:40 – 01:14:46) sin sonido, observe a la profesional del restaurante y describa lo que comunica usando las expresiones que acaba de aprender.

Actividad 1.12

A continuación podrá juzgar si es verdad que hay diferencias entre los países del norte de Europa y los países latinos.

1 Antes de leer el texto a continuación escriba sus impresiones sobre el tema de las diferencias culturales en cuanto a lenguaje corporal. Puede utilizar los siguientes puntos como guía:

- aspectos que llaman la atención cuando se observa a gentes del norte y del sur de Europa cuando están conversando (incluyendo la imagen emocional que dan);
- cómo gesticulan las gentes del sur de Europa;
- expresión de las emociones y qué cosas son más tabús en unas culturas o en otras.

tabú taboo

2 El siguiente texto habla sobre este tema. Léalo una vez para tener una idea general del contenido. Luego léalo una segunda vez y complete el cuadro con los adjetivos que describen el lenguaje corporal de los del norte y los del sur:

	Los del norte	Los del sur
uso de las manos		
contacto físico		
imagen que dan		

septentrionales Northern

meridionales Southern

Los gestos están estrechamente relacionados con la cultura. Ese vínculo es tan fuerte que por lo común el experto en descifrar subtextos puede deducir de qué país procede una persona observando la manera como utiliza las manos. Podemos deducir algunas reglas generales. Las personas de los países septentrionales del mundo occidental tienden a emplear menos gestos que las de los países meridionales. Los escandinavos, los alemanes, los suizos y los ingleses hacen pocos gestos con las manos. A los meridionales suelen parecerles rígidos e inmóviles. El subtexto es de retracción, de un deseo de no comprometerse. En los países meridionales como Francia, España, Italia y Grecia, los gestos son más abiertos, efusivos y expresivos. Los subtextos emitidos son de vigor y compromiso emocional.

Es importante recordar que la práctica del tacto depende siempre de la peculiaridad del contexto cultural. Algunas culturas son favorables al tacto, mientras otras parecen evitarlo en lo posible. Los ingleses y los alemanes son reacios al contacto físico, mientras que los españoles, los israelíes y los árabes siempre han parecido complacerse con el tacto. Hay culturas en las que el tacto es un componente importante en la comunicación.

3 Lea de nuevo la sección del texto desde 'A los meridionales suelen parecerles rígidos…' hasta '… son de vigor y compromiso emocional' y vuelva a escribirlo practicando las expresiones que aprendió sobre lo que los gestos parecen comunicar. Añada otras ideas o interpretaciones propias sobre el uso de gestos de las personas del sur de Europa.

Ejemplo

Las gentes del norte dan la impresión de ser rígidas e inmóviles…

Actividad 1.13

Todas las culturas usan gestos, pero incluso cuando los gestos coinciden, no siempre significan lo mismo. Ser capaz de entender los gestos del mundo hispánico le ayudará a comunicarse mejor con sus hablantes. En esta actividad va a hacer una pequeña prueba para ver cuánto sabe de los gestos hispanos.

1 Mire las ilustraciones que vienen a continuación y decida qué frase, en su opinión, interpreta mejor el gesto que representa.

(a)

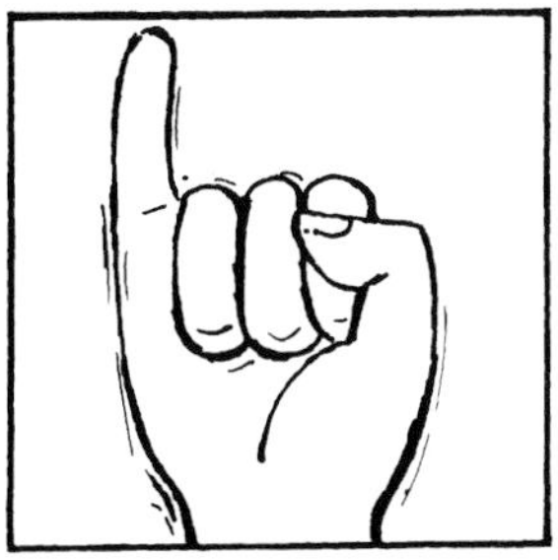

(i) Esta persona indica que alguien está muy delgado. ❑
(ii) Esta persona parece indicar la dirección hacia la estación. ❑
(iii) Esta persona indica que sólo quiere uno. ❑

(b)

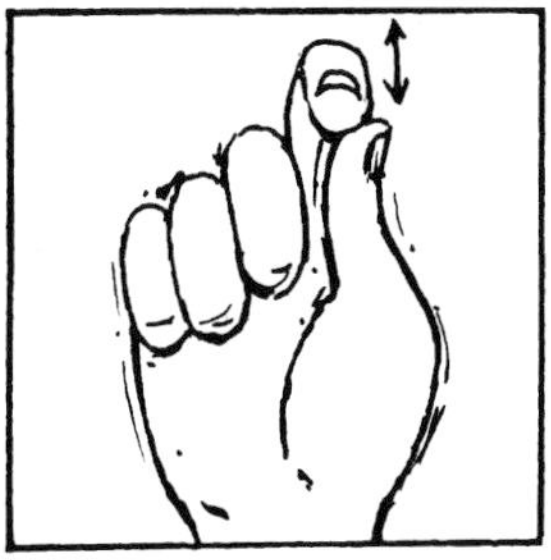

(i) Esta persona tiene las manos sucias y pregunta dónde está el lavabo. ❑
(ii) Algo es muy caro. ❑
(iii) Es un tic nervioso común en el mundo hispano. ❑

(c)

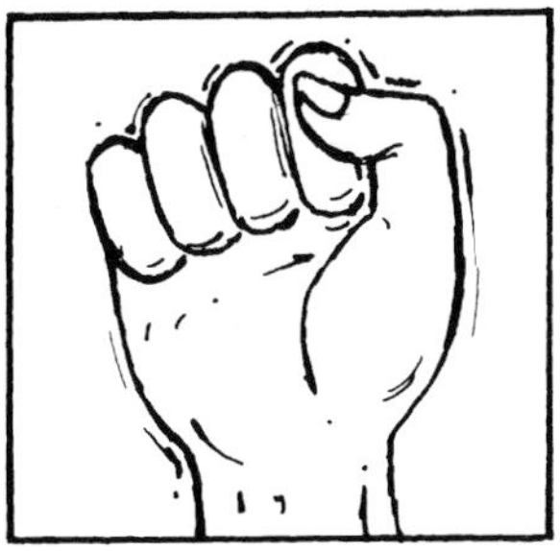

(i) Gesto de amenaza a otra persona. ❑
(ii) Ha cogido una mosca en la mano mientras hablaba. ❑
(iii) Alguien es muy tacaño. ❑

(d)

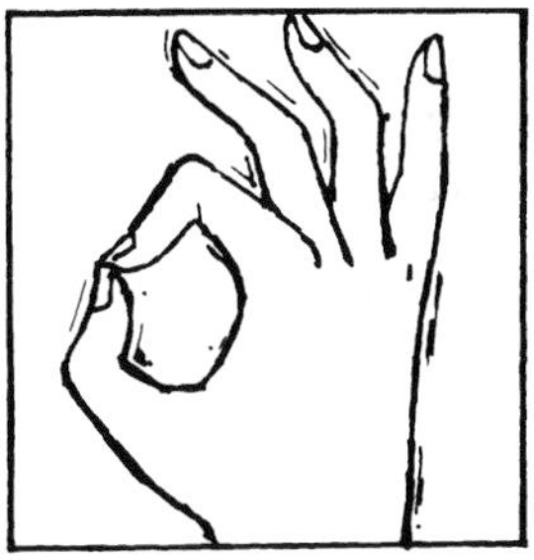

(i) La letra O. ❑
(ii) Cero. ❑
(iii) Okey. ❑

(e)

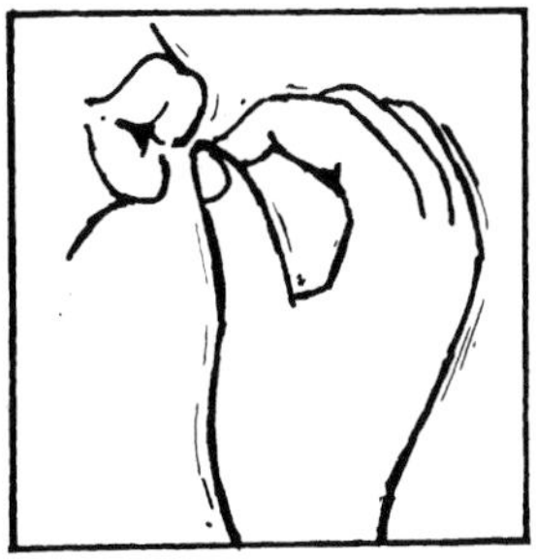

(i) Esta persona se ha quemado los dedos. ❑
(ii) Esta persona está enfadada. El gesto significa '¡Pero qué estás diciendo!' ❑
(iii) Esta persona indica que algo está muy bueno o es muy bonito. ❑

(f)

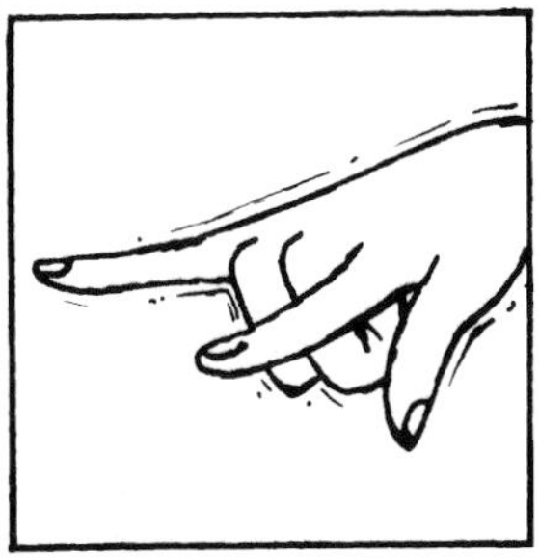

(i) Esta persona está insultando a otra diciéndole que su mujer le engaña. ❑
(ii) Esta persona está mostrando algo. ❑
(iii) Es un gesto de superstición para protegerse de los malos espíritus o para conjurar a la persona que tiene enfrente. ❑

2 Ahora compruebe su puntuación, para saber a qué categoría pertenece usted.

Puntuación

Cada respuesta correcta son diez puntos.

De 0 a 20: Usted anda un poco **perdido** en esto de los gestos, ¿no? Le aconsejo un curso acelerado sobre el tema o, alternativamente, altas dosis de películas españolas y latinoamericanas… preferentemente antes de visitar un país hispanohablante.

De 20 a 40: Podrá **sobrevivir** cuando visite España o América Latina, pero debe observar bien a los lugareños y tomar notas en su Diario. Empiece su estudio observando a las personas españolas o latinoamericanas que conozca.

De 40 a 60: Bueno, ¡qué hace en este país! No tendrá **ninguna dificultad** para comunicarse cuando vaya a España o Hispanoamérica. ¡Enhorabuena!

Pronunciación

Do the exercise in *Práctica 35* of the Pronunciation Practice Cassette and Booklet to practise the intonation pattern of parenthetic sentences.

Unidad 2

¡Ojalá se cumpla!

In this *unidad* you will learn how to say what type of people or things you like or dislike. You will also learn how to express expectations, hopes and aspirations for the future.

Learning objectives

By the end of this *unidad* you should be able to:

- Describe what you like or dislike about other people's looks, character or behaviour;
- Express expectations;
- Talk about your wants and hopes for the future;
- Express good wishes;
- Write a description of yourself and other people.

Key Learning points

Sesión 1

- Using the subjunctive to express likes and dislikes.
- Formation of the present subjunctive.
- Pronouncing verbs with enclitic pronouns.

Sesión 2

- Using the subjunctive to express expectations and wishes.
- Pronouncing triphthongs and three-vowel synalepha.

Sesión 3

- Expressing hopes and aspirations for the future using a variety of expressions.
- Using *ojalá* to express hopes.

Study chart

Activity	Timing (minutes)	Learning point	Materials
		Sesión 1 ***Me gustas tú, y tú, y tú...***	
2.1	20	Listening: describing your ideal partner	Activities Cassette, Dictionary
2.2	20	Saying what you like about other people Using the subjunctive to express likes	Spanish Grammar
2.3	15	Present subjunctive of irregular verbs Speaking: practice of the subjunctive	Activities Cassette, Spanish Grammar
2.4	15	Listening: talking about the type of people one likes	Activities Cassette
2.5	20	Listening: how Spanish women's expectations have changed over the years	Activities Cassette
2.6	30	Writing an advert for your ideal partner Speaking: *Buzón abierto*	Activities Cassette, Spanish Grammar
2.7	25	Listening: saying what you don't like about somebody	Activities Cassette
2.8	20	Speaking: talking about annoying behaviour and habits Using the subjunctive to express dislikes	Activities Cassette, Transcript Booklet
	10	**Pronunciation**: verbs with enclitic pronouns	Pronunciation Practice Cassette and Booklet
		Sesión 2 ***El que espera, desespera***	
2.9	20	Listening: what to expect from a good restaurant	Activities Cassette, Transcript Booklet
2.10	25	Listening: finding the right nursery for your child Writing practice	Activities Cassette
2.11	20	Speaking: using the subjunctive to express good wishes	Activities Cassette
	10	**Pronunciation**: triphthongs and three-vowel synalepha	Pronunciation Practice Cassette and Booklet

Activity	Timing (minutes)	Learning point	Materials
		Sesión 3 ***Esperanzas y aspiraciones***	
2.12	25	Listening: Mexican women's hopes for their country Using the subjunctive to express hopes and aspirations	Video
2.13	30	Listening: hopes for the third millennium Writing practice	Video
2.14	15	Listening: expressing hopes for the future	Transcript Booklet, Video
2.15	45	Reading: *¿Qué América quiero?*	
2.16	15	A song of wishes for the future *Ojalá* for expressing hopes	
2.17	15	Speaking: practice of *ojalá*	Activities Cassette

Sesión 1 Me gustas tú, y tú, y tú...

In this *sesión*, you will learn to talk about what you like or dislike about other people. You will hear Spaniards from three generations talk about the type of woman or man they like and you will expand your vocabulary for describing people, in terms of both looks and personality.

Actividad 2.1

En esta actividad va a ampliar su vocabulario para describir el carácter y la apariencia física.

1 Mire la siguiente lista de adjetivos. Clasifíquelos según describan apariencia o carácter (algunos pueden valer para los dos).

Descripción física / Apariencia	**Descripción de carácter / Manera de ser**
guapo, -pa	tierno, -na

amable • humilde • inteligente • cariñoso, -sa • moreno, -na • limpio, -ia • sincero, -ra • activo, -va • independiente • esbelto, -ta • sensible • diplomático, -ca • sociable • elegante • educado, -da • atractivo, -va • rubio, -ia • fuerte • viril • divertido, -da • culto, -ta • abierto, -ta • apasionado, -da

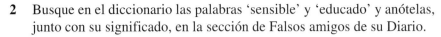

2 Busque en el diccionario las palabras 'sensible' y 'educado' y anótelas, junto con su significado, en la sección de Falsos amigos de su Diario.

3 Marque los adjetivos que usted utilizaría para describir a su pareja ideal. Añada más adjetivos a su lista si quiere.

4 Escuche el Extracto 5 de su Cinta de actividades, donde oirá a don Pedro describir cómo le gustan las mujeres. Ponga una 'P' junto a los adjetivos de la lista anterior que oiga.

5 Lea la transcripción del Extracto 5 y preste atención a la forma de los verbos.

Actividad 2.2

Ahora podrá decir qué es lo que le gusta a usted de otras personas.

1 La revista *Hogar* hizo a sus lectores la pregunta '¿Qué tipo de mujer u hombre te gusta?' Lea algunas de las respuestas que recibió y conteste estas preguntas:

(a) ¿A cuál de los lectores le parece especialmente importante la apariencia física de la persona?

(b) ¿Cuál de los lectores parece ser una persona romántica?

(c) ¿Para cuál de ellos es importante la expresión de sentimientos?

(d) ¿A cuál de los lectores parecen gustarle las actividades al aire libre?

(e) ¿Para cuál de ellos es importante el intelecto?

atardecer sunset

velludo, -da hairy

bien parecido, -da good-looking

Intimidades

La pregunta de la semana pasada fue '¿Qué tipo de mujer u hombre te gusta?'. Aquí os damos las respuestas de algunos de nuestros lectores.

Antonio
(de La Coruña)
Me gusta que sea atractiva y que le encante contemplar los atardeceres.

José
(de Veracruz)
Me gusta que sea independiente, creativa, culta e inteligente.

Teresa
(de Vitoria)
Me gusta que sea viril, velludo y bien parecido.

Ignacio
(de Trujillo)
Que sea sensible, apasionada y cariñosa.

Cristina
(de Valencia)
Que sea divertido, sincero, abierto, amante de la naturaleza, que tenga buen sentido del humor y que le guste andar.

2 Ahora subraye en el texto los verbos que siguen a la frase 'Me gusta que…'.

Ejemplo

Me gusta que sea atractiva…

Atando cabos

'Me gusta que' + present subjunctive

By now you are familiar with the following structures for expressing likes and dislikes:

Verb of like or dislike + infinitive			Verb of like or dislike + noun		
Me	gusta encanta	leer	Me	gusta encanta	la música clásica
Odio			Odio		

But when you want to describe the things **other** people do, or the traits they have that you like or dislike, you need to use a different construction:

Verb of like/dislike	+ que	+ present subjunctive
Me gusta	que	sea independiente
Me molesta	que	nunca salude

Sean and *tengan* (from *ser* and *tener)* are in the present subjunctive.

Introduction to the subjunctive mood

G

The subjunctive mood is used in a great variety of structures in Spanish – you can refer to your Spanish Grammar, page 20, first paragraph, for the different meanings it may convey. The subjunctive is often found in subordinate clauses such as the above, in this case where the events referred to are not a factual reality. It is also frequently used when expressing hopes, doubts, objectives, intentions, etc. about or relating to the future.

You can read more about the subjunctive mood in your Spanish Grammar, page 328.

3 Estudie el cuadro con las formas del presente de subjuntivo y conteste las preguntas.

	cuidar	comer	escribir
yo	cuide	coma	escriba
tú	cuides	comas	escribas
él/ella/Ud.	cuide	coma	escriba
nosotros,-as	cuidemos	comamos	escribamos
vosotros,-as	cuidéis	comáis	escribáis
ellos/ellas/Uds	cuiden	coman	escriban

(a) ¿La forma de la primera persona del presente de subjuntivo es similar a qué forma del imperativo?

(b) Dos formas llevan la misma terminación. ¿Cuáles son?

(c) ¿Hay alguna diferencia en las terminaciones de los verbos de la segunda (–er) y tercera (–ir) conjugación?

Atando cabos

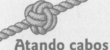

Formation of the present subjunctive

The form of the present subjunctive is the same as that of the negative imperative that you saw in *Unidad 1*.

Two tips to remember:

(a) **-ar** verbs have **-e** endings while **-er** and **-ir** verbs have **-a** endings.

(b) Irregularities in the present indicative will in most cases be carried to the present subjunctive.

The rule is: take the present indicative as your base, remove the ending and add the present subjunctive endings to the stem; e.g. *vengo* → *veng* ... → *veng**a**, **-as**, **-a***, etc.

You may want to go back and check this rule against the table in step 3 and then try it with other verbs. You can also consult your Spanish Grammar, page 251.

Actividad 2.3

En esta actividad practicará el presente de subjuntivo de algunos verbos irregulares.

1 Ahora fíjese de nuevo en los ejemplos con 'ser' y 'tener' en presente de subjuntivo. Son verbos irregulares pero, ¿puede ahora deducir el resto de la conjugación? Complete la tabla y compruébela en las páginas 295 y 297 de su libro de gramática.

	ser	tener
yo		
tú		
él/ella/Ud.		
nosotros, -as		
vosotros, -as		
ellos/ellas/Uds.	que sean...	que tengan...

Atando cabos

Present subjunctive of irregular verbs

As a general rule, any irregularity in the root of the present indicative form will be carried on to the present subjunctive. This applies to most irregular and radical changing verbs.

The main exceptions to the rule are: *dar, estar, haber, saber* and *ser*, but note that the irregularity in each of these verbs is carried through all persons of the present subjunctive.

For *morir, dormir* and *sentir*, which present a different type of irregularity, see your Spanish Grammar, pages 267 & 295.

2 Reconstruya la conjugación completa del presente de subjuntivo de los siguientes verbos irregulares. Compruebe sus respuestas en su libro de gramática, págs. 265, 270, 271 & 292.

que (yo) dé

que (yo) esté

que haya

que (yo) sepa

3 Ahora podrá practicar las estructuras que ha aprendido. Escuche el Extracto 6 en su Cinta de actividades. Desafortunadamente hay una interferencia en el sonido y sólo va a escuchar los comienzos y los finales de las frases. Complete cada frase con los verbos **ser** o **tener** en presente de subjuntivo.

Ejemplo

¿Las mujeres? [...] independientes, pero [...] egoístas.

¿Las mujeres? **Me gusta que sean** independientes, pero **que no sean** egoístas.

Actividad 2.4

A continuación escuchará a dos españoles octogenarios, quienes le describen el tipo de mujer que les gusta.

1 ¿Puede adivinar lo que van a decir sobre los siguientes puntos? Utilice esta construcción: 'Me gusta que + presente de subjuntivo'.

Ejemplo

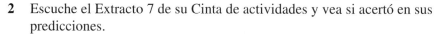

- la apariencia de la mujer

Me gusta que sea atractiva.

- la personalidad de la mujer
- la mujer y los hijos
- la mujer y el marido
- la mujer y la casa

2 Escuche el Extracto 7 de su Cinta de actividades y vea si acertó en sus predicciones.

3 Vuelva a escuchar el extracto y lea la transcripción al mismo tiempo. Si hay alguna expresión nueva, anótela en su Diario.

Actividad 2.5

Hoy día la mayoría de las mujeres tienen ideas muy diferentes a las de sus abuelas. En la entrevista que sigue, Amparo, una mujer profesional de 50 años, describe algunos de los cambios más importantes en su generación.

1 Escuche el Extracto 8 y marque las casillas cuando oiga a Amparo mencionar los siguientes temas:

(a) El rol de la mujer y su pareja ideal en tiempos de la madre de Amparo. ❐

(b) Ruptura de la generación de Amparo con el modelo de la madre. ❐

(c) Incorporación en el mundo del trabajo y adopción inconsciente de un modelo masculino. ❐

(d) Expectativas actuales de las mujeres de la generación de Amparo. ❐

2 Escuche de nuevo el extracto y conteste estas preguntas:

(a) Según Amparo, ¿cuáles eran las expectativas que tenían las mujeres de la generación de su madre?

(b) Amparo dice que las mujeres de su generación no querían ser como sus madres. ¿Qué significaba esto? Indique dos cosas.

(c) ¿Cuál era la situación de las mujeres en la época de la dictadura?

(d) ¿Cuál ha sido uno de los logros de las mujeres de la generación de Amparo?

(e) ¿Qué es lo que las mujeres de la generación de Amparo esperan de su pareja?

(f) Al escoger una pareja, ¿qué efecto tiene para las mujeres como Amparo el hecho de tener independencia económica?

Actividad 2.6

En esta actividad va a buscar una pareja a través de una agencia.

1 La agencia le ha pedido una descripción de sí mismo de unas 50 palabras, y otra de la pareja que le gustaría encontrar. Como preparación a la redacción, haga dos listas: una con sus datos personales, sus atributos y sus intereses, y otra con los atributos que quiere encontrar en su pareja. Consulte la sección de descripciones de su Diario.

Usted

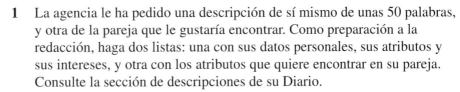

Datos personales: edad, ocupación...	Apariencia física	Carácter	Intereses
	de mediana estatura	extrovertido, -da	natación

Su pareja

Apariencia física	Carácter	Intereses

2 Para expresar las características de la persona que busca va a utilizar una nueva estructura gramatical.

Atando cabos

'Quiero una persona que' + present subjunctive

Look at the following sentences:

Quiero una persona ***trabajadora.***

Quiero una persona ***que toque el piano.***

It is not always possible to describe or define a noun with an adjective. Sometimes you need a whole phrase (*tocar el piano*), and this must be related to the noun by means of the relative pronoun *que*.

In the above structure with *querer*, you also have to use the present subjunctive in the relative clause because you are referring to a person you would like to find rather than to a person you already know or have identified for the task.

Ahora complete las frases siguientes con el verbo adecuado:

compartir, ser, ser aficionado a, gustar, tener, saber

Ejemplo

Quiero una persona que *sepa* divertirse.

(a) Quiero una mujer a la que le ...... bailar y divertirse.

(b) Quiero un hombre que ...... los deportes.

(c) Quiero una persona que ...... intereses de tipo cultural.

(d) Quiero una mujer que ...... mis intereses.

(e) Quiero una persona que ...... cariñosa.

3 Ahora escriba su anuncio. Estructúrelo en párrafos. Empiece con sus datos personales y luego describa su apariencia física y su carácter. Después escriba las características de la persona que busca. ¡No olvide dar una dirección a donde puedan contestarle!

Soy conductora de autobús y tengo 41 años. Soy de mediana estatura...

Soy muy aficionada a la natación y...

Quiero una persona que...

Me gustan las personas activas...

Si estás interesado escríbeme al Apartado de Correos...

Apartado de Correos
P.O. Box

Writing tips: the first step of this activity was a brainstorming exercise. Using this technique before attempting any writing can help you to get ideas of what you are going to write about. After you have produced a list, as in the exercise above, a second step can be to arrange the items on your list in order of importance.

Before you start writing, structure your texts in paragraphs and decide what you are going to include in each of them. Ideally, you should develop one topic or idea per paragraph.

4 

Buzón abierto tiene un programa esta semana sobre las dificultades de encontrar pareja y ha abierto una línea para personas que quieran poner un anuncio por radio. Usted decide hacerlo. Grabe su anuncio.

5 Escuche una respuesta modelo en el Extracto 9 de su Cinta de actividades.

Actividad 2.7

A continuación aprenderá cómo expresar lo que no le gusta de otras personas.

ronque: from *roncar* to snore

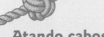

Atando cabos

Verb of dislike + 'que' + present subjunctive

You already know how to say that you don't like something or somebody (*e.g. No me gusta nadar; No me gusta Luis*). To express what you dislike in others you can use one of the following phrases together with a verb in the present subjunctive:

se emborrache: from *emborracharse* to get drunk

No me gusta		
Me disgusta		trabaje los fines de semana.
Me molesta	que Luis	se emborrache.
Me irrita		ronque.
Odio		
Detesto		
No soporto		

1 Coloque las expresiones del Atando cabos en una de las dos columnas, según indiquen mayor o menor grado de disgusto o molestia. Cuando compruebe su respuesta escriba esta información en su Diario.

Mayor grado de disgusto **Menor grado de disgusto**

2 Ignacio y Begoña llevan casados muchos años. ¿Qué es lo que detesta cada uno de su pareja? Fíjese en la ilustración y complete las frases de los bocadillos.

bocadillos speech bubbles

3 Ahora va a escuchar a algunas jóvenes españolas hablar sobre lo que no les gusta en una pareja. Éstas son algunas de las cosas negativas que mencionan:

(a) que cuando se enfade se quede callado

(b) que se crea superior

(c) que sea mentiroso

(d) que sea machista

(e) que sea engreído

4 Escuche el Extracto 10 y numere las frases según el orden en el que aparezcan.

5 Vuelva a escuchar el extracto y complete la tabla:

	Le gusta...	No le gusta...
Primera mujer		
Segunda mujer		
Tercera mujer		
Cuarta mujer		

mirar a alguien por encima del hombro to look down on somebody

Actividad 2.8

Imagine que usted comparte piso con Luis. Convivir con otra persona no siempre es fácil. Aquí tiene la oportunidad de decirle a Luis qué cosas que él hace le molestan.

1 Antes de grabarse, aquí tiene algunas de las cosas que Luis hace y que a usted le molestan. Léalas.

(a) Luis canta constantemente.

(b) Toca el saxofón y practica en casa.

(c) Da portazos.

(d) Ronca.

(e) Arrastra los pies al andar.

(f) Escucha música a todo volumen.

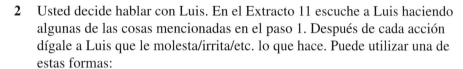

2 Usted decide hablar con Luis. En el Extracto 11 escuche a Luis haciendo algunas de las cosas mencionadas en el paso 1. Después de cada acción dígale a Luis que le molesta/irrita/etc. lo que hace. Puede utilizar una de estas formas:

– Mira, Luis,	no soporto	
– ¿Sabes, Luis?	me irrita	que (ronques, etc.)
– Perdona que te lo diga, pero	me molesta etc.	

Atando cabos

Spelling changes of verbs in '-car' and '-gar'

Note that *tocar,* like *roncar,* undergoes a spelling change in the present subjunctive in order to preserve the sound /k/ of the infinitive:

tocar → toque

roncar → ronque

Other examples are:

Apagar → *apague, pagar* → *pague, buscar* → *busque, colocar* → *coloque,* and *jugar* → *juegue* (Note that *jugar* also undergoes a vowel change as a radical changing verb).

Del dicho al hecho

Interview people from different parts of the Spanish-speaking world, or from other nationalities and cultures, and ask them about the type of behaviour that annoys them in a partner. Then write a short report in Spanish.

Pronunciación

Do the exercises in *Práctica 36* of the Pronunciation Practice Cassette and Booklet to practise verbs with enclitic pronouns.

Sesión 2 El que espera, desespera

In this *sesión* you will learn to use the subjunctive to express wishes and expectations about the future.

Actividad 2.9

Primero escuchará a algunas personas hablar sobre el servicio de restaurante.

1 Escuche el Extracto 12 de su Cinta de actividades y tome nota de las palabras que falten en la siguiente transcripción.

Pues, que tenga ......

Que ...... buena.

Bueno, ... sea buena, para empezar y, por supuesto, que ......

Que puedas ...... a gusto, ¿no? Creo que eso es lo principal.

2 Compruebe sus respuestas con la transcripción en el Cuadernillo de transcripciones.

Atando cabos

Present subjunctive of radical changing verbs

Look at the following table:

	Present Indicative	Present Subjunctive
o → ue: volver	(yo) vuelvo (él/ella) vuelve	(que yo) vuelva (que él/ella) vuelva
e → ie: querer	(yo) quiero (él/ella) quiere	(que yo) quiera (que él/ella) quiera
e → i: pedir	(yo) pido (él/ella) pide	(que yo) pida (que él/ella) pida

As a general rule, the same irregularities you learned in the present indicative occur when you construct the present subjunctive.

This rule applies to the first, second and third persons singular and to the third person plural. The first and second persons plural may present slight changes between present indicative and subjunctive. To find out about particular verbs look in the verb tables in your Spanish Grammar, pages 253–319.

3 Ahora escuche el Extracto 13 e identifique el infinitivo de los verbos en subjuntivo.

Ejemplo

se sienta: sentirse

4 El gerente de un nuevo restaurante reúne a todo el personal el día de la inauguración. Complete el texto de su discurso con los verbos adecuados en la forma correcta.

volver, preferir, esforzarse, aprobar, convertirse, mostrar, recomendar, probar, divertirse

Estimados compañeros:

Ha llegado el tan esperado día de la inauguración de nuestro restaurante. No olvidemos que queremos que este establecimiento (a)...... en el restaurante más popular de la ciudad. Lo que queremos conseguir es que el cliente (b) ...... y (c) ...... nuestra cocina, que (d) ...... y, ¡claro!, que (e)....... En definitiva, queremos que el cliente (f) ...... nuestro establecimiento a cualquier otro de la misma categoría y que lo (g) ...... a sus amigos y conocidos. Y, ¿cómo se consigue eso? Con una cocina de primerísima calidad, una atención inmejorable y un local excelente. Todo eso lo tenemos. No tengo que deciros que espero que todo el personal (h) ...... por ofrecer el mejor servicio posible al cliente y que (i)...... entusiasmo por el trabajo. Esta misma noche esperamos una gran afluencia de público, así que, ¡suerte! Espero lo mejor de todos.

Atando cabos

Expressing wishes: 'Quiero que' + present subjunctive

You are already familiar with the structure '*Quiero* + noun/infinitive' to express wishes (e.g. *Quiero un helado/ Quiero aprender un instrumento*). When what you want involves somebody doing something, then the following structure must be used: '*Quiero* + *que* + present subjunctive':

Quiero **que el cliente vuelva** a nuestro establecimiento.

This structure is parallel to *Me gusta que sea cariñosa*, which you saw earlier.

5 Vuelva a leer el texto del paso anterior y fíjese en las frases que contienen la estructura del Atando cabos.

Actividad 2.10

A continuación escuchará a una madre que le describe el tipo de guardería que quiere para su hijo.

1 Escuche el Extracto 14 y marque los aspectos que menciona la madre. No mire la Clave hasta acabar la actividad.

Características del personal	❑
Disciplina	❑
Ubicación de la guardería	❑
Tipo de comida	❑
Horario	❑
Características del local	❑

2 Vuelva a escuchar el Extracto 14 y tome notas de lo que esta madre dice sobre cada uno de los aspectos mencionados.

3 Usted tiene que poner a su hijo o hija en una guardería. Escriba un pequeño texto describiendo las características que quiere que tenga esa guardería. Recuerde usar la estructura que ha aprendido.

Ejemplo

Quiero una guardería que (no) esté / tenga / sea…

Actividad 2.11

¡Después de esta actividad ya podrá expresar todo tipo de buenos deseos para sus amigos!

Atando cabos

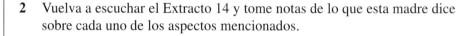

¡*Que* + subjunctive! to express good wishes

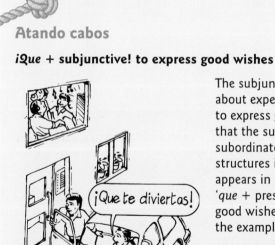

The subjunctive is used not only to talk about expectations and wants, but also to express good wishes. You read earlier that the subjunctive mostly appears in subordinate clauses. One of the structures in which the subjunctive appears in an independent sentence is '*que* + present subjunctive' to express good wishes to other people. Look at the examples below:

¡Que te diviertas! / ¡Que disfrutes! / ¡Que lo pases bien!

¡Que duermas bien!

¡Que te/le vaya bien!

¡Que tengas suerte!

¡Que tenga buen viaje!

¡Que te mejores!

You will recognize many of these as fixed polite expressions commonly used in everyday Spanish, like *¡Que aproveche!* Note that in all these phrases *que* does not have an accent, because underlying these expressions is the structure *(Te deseo) que lo pases bien.* '*Que*' is therefore not an exclamative pronoun but a conjunction.

¡que aproveche! bon appetit, enjoy your meal

HISPANOAMÉRICA

En algunas regiones de Hispanoamérica se dice *¡Buen provecho!* o *¡Que te aproveche!* en lugar de *¡Que aproveche!* También se usa *¡Que la pases bien!* en lugar de *¡Que lo pases bien!*

1 Una amiga está pasando unos días con usted. ¿Qué fórmula utilizaría usted en las siguientes situaciones?

(a) She says goodnight on her way to her bedroom.

(b) She says goodbye on her way to a party.

(c) She is staying at home because she has a bad cold. You're going out.

(d) She is going off to take her driving test.

(e) You've just come back from an outing and she's having dinner.

2 Usted se va a despedir de varios amigos en diferentes situaciones. Escuche el Extracto 15 y despídase con la fórmula apropiada. Empiece así:

Bueno, adiós / Hasta luego / Chao / Hasta mañana, ¡que … !

Pronunciación

Do the exercises in *Práctica 37* of the Pronunciation Practice Cassette and Booklet to practise triphthongs and three-vowel synalepha.

Sesión 3 Esperanzas y aspiraciones

In this *sesión* you will hear several Spaniards and Latin Americans talking about some of the difficulties their countries are experiencing and about their aspirations for the third millennium. You will learn how to express hopes and aspirations for the future, for which you will need to use the present subjunctive.

Actividad 2.12

Escuche a tres mujeres mexicanas que le hablan de sus aspiraciones para México en el tercer milenio.

1 Antes de ver el vídeo, piense qué sabe de la situación actual de México en cuanto a su economía, gobierno o sociedad.

2 Vea ahora la secuencia de vídeo (01:16:35 – 01:17:18) y conteste:

¿Cuál de las tres mujeres …

(a) sugiere que los mexicanos han perdido su identidad?

(b) está descontenta con el tipo de gobierno que tienen?

(c) sugiere que México está atravesando una crisis aguda?

Atando cabos

Expressing hopes for the future using 'esperar'

The verb *esperar* is commonly employed to talk about hopes. The construction it takes is the same as '*Quiero que* + present subjunctive'.

Esperar + que + (alguien / algo) + *present subjunctive*

Espero que la situación mejore.

Esperar: a translation trap

The verb *esperar* is translated in different ways in English:

Los espero alrededor de las 12.
I am expecting them around 12.

Espero que la situación mejore.
I hope the situation improves.

Estoy esperando a mi hermana.
I am waiting for my sister.

The context will clarify the meaning of *esperar* in each occurrence.

Actividad 2.13

En España y en el resto de Europa las aspiraciones para el futuro a veces pueden ser diferentes a las de América Latina. En esta actividad podrá contrastarlas.

1 Imagine que a usted le preguntan: '¿Qué aspiraciones tiene para su país para el nuevo milenio?'. Escriba unas notas cortas.

2 Vea ahora la secuencia de vídeo (01:17:19 – 01:18:11), donde tres españoles hablan de sus aspiraciones para el nuevo milenio. Escuche y marque en la siguiente lista los puntos que mencionan y cuál de los entrevistados menciona cada uno.

(a) que se encuentre una cura para el cáncer	
(b) que el país vaya a mejor	
(c) que la Unión Europea funcione	
(d) que haya menos materialismo	
(e) que se reduzca la contaminación atmosférica	
(f) que se encuentre una cura para el sida	
(g) que no haya guerra	✓ 1
(h) que se viva la vida con más calma	
(i) que se aprenda a proteger la naturaleza	

3 Ahora vea la última secuencia (01:18:11 – 01:18:39), donde dos mujeres peruanas expresan sus aspiraciones para Perú para el nuevo milenio. Tome notas de las palabras clave que mencionan.

4 Escriba un pequeño texto (unas 80 palabras) comparando las respuestas de los españoles, peruanos y mexicanos, y la que usted escribió en el paso 1. ¿Hay alguna aspiración común? ¿Cuáles son las diferencias?

Actividad 2.14

En esta actividad va a estudiar más detenidamente las estructuras que se emplean para expresar esperanzas para el futuro.

1 Vea de nuevo la secuencia de vídeo (01:16:35 – 01:18:39) y complete las frases con el verbo correcto. Compruebe sus respuestas en el cuadernillo de transcripciones.

(a) ... que ...... más pronto y que México ...... mejor...

(b) ... que esto ...... , es urgente que el pueblo recupere todo lo que ha sido su historia.

(c) ... que en este país ...... una real democracia...

(d) … que …… guerra, que la Unión Europea …… y que …… atajar enfermedades como el sida, que …… paralizar.

(e) … que …… a un nivel quizá más espiritual, que …… tanto materialismo, que …… a una sociedad tan movida…, que …… las cosas un poco más lentamente.

(f) … que …… a mejor, que …… a peor.

(g) … que …… la dignidad hacia la persona…

(h) … que …… la paz, …… la unidad en un país tan heterogéneo, y sobre todo, …… la tolerancia.

2 ¿Cómo se introducen las frases anteriores? Subraye en la transcripción las diferentes formas que encuentre para expresar deseos y aspiraciones.

Ejemplo

Mis expectativas son que en este país haya una real democracia.

Atando cabos

Expression of hopes and wishes for the future

You are already familiar with the expressions '*Quiero que / Espero que* + present subjunctive' and you have heard other expressions in the video vox pops. The following are all ways of expressing hopes and aspirations for the future:

Espero **que**	
Quiero / Deseo **que**	
Sueño con **que**	
Mi esperanza es **que** / Mis esperanzas son **que**	+ present subjunctive
Tengo la esperanza de **que**	
Mis aspiraciones son **que**	
Mis expectativas son **que**	

Actividad 2.15

La revista *Tierramérica* invitó a sus lectores a escribir sobre sus esperanzas para la América del siglo XXI. Una muchacha costarricense, Ariana Fernández, ganó el primer premio. Su artículo le ayudará a comprender algunos de los problemas que enfrenta este continente.

1 Lea el texto con atención y subraye una o dos ideas clave en cada párrafo. De momento no se preocupe por las palabras en negrita.

¿Qué América quiero?

1 La verdad si lo supiera se lo diría ... Pensemos ...

2 Quizá una donde no exista la pobreza ... ¿Se puede?

3 O **tal vez** donde no hayan problemas sociales ...

4 ¡Ya sé! Se me ocurre que quiero una América donde las madres no tengan que preguntar por hijos desaparecidos, donde estos niños no sean **forzados** a renunciar a su infancia para tener que **alimentarse**.

5 Aquella América donde yo **pueda leer y escribir** y donde cualquiera al que le hable pueda hacer lo mismo.

6 Donde mi mamá pueda **conseguir** trabajo igual que mi papá, donde mi papá no crea que está descuidando la casa y sus hijos por ello.

7 Sueño con una América donde mis hermanos chinos, indios y negros no se sientan diferentes.

8 Quiero una América donde tanto el bosque como el animal sean considerados parte de nuestras vidas y nosotros de las de ellos.

9 Quiero una América donde no tenga que pensar que más de una tercera parte de la población **se va a la cama sin haber comido**.

10 Quiero una América diferente, donde las **promesas** de nuestros dirigentes no se vayan, pero se cumplan. Un continente donde se pueda decir lo que se quiera y se pueda escribir lo que no se quiera. Una América de oportunidades...

11 Aquella donde sigamos obsequiándole el aire al mundo, donde **protejamos** nuestra diversidad cultural, donde cada uno de nosotros sintamos orgullo de ser americanos y donde cada uno de esos americanos, en lugar de tender la mano para tener que pedir, la tienda para ayudar.

12 Ésa es la América que quiero para el siglo XXI.

(Ariana Fernández Muñoz, Tierramérica, diciembre de 1996)

HISPANOAMÉRICA

En Hispanoamérica, en las frases impersonales con 'haber', es muy común utilizar la forma en plural ('habían', 'hayan', etc.), en concordancia con el complemento directo, como en las frases 'habían muchos estudiantes' y 'espero que no hayan guerras'. Este uso también se puede oír en España, aunque allí se considera un uso incorrecto.

2 Vuelva a leer el texto y busque los párrafos en los que se hace alusión a los puntos siguientes. Anote las palabras del texto que se refieren a ello.

Ejemplo

discriminación racial: párrafo 7: hermanos chinos, indios y negros no se sientan diferentes.

(a) discriminación sexual en el trabajo

(b) analfabetismo

(c) trabajo infantil

(d) censura de prensa

(e) hambre

(f) mendicidad

(g) conservación de bosques y selvas

3 Busque entre las expresiones en negrita en el texto las que más se aproximen a las de la lista:

Ejemplo

comer: alimentarse

(a) quizá

(b) ofrecimientos

(c) obtener

(d) cuidemos

(e) se acuesta

(f) obligados

(g) con hambre

(h) esté alfabetizado

4 Vuelva a leer el artículo y esta vez ponga atención a las construcciones verbales. ¿Qué construcción se repite?

Atando cabos

'Quiero una América donde...' : Relative clause with 'donde'

Refer back to the ***Atando cabos*** in ***Actividad 2.6***, where you saw the relative clause with *que*: *Quiero una persona que toque el piano*.

The structure *Quiero una América donde...* is similar. You use *donde* instead of *que* because you are describing a place. You use the subjunctive because you are not referring to a real place but to one you wish for.

5 Ahora ¡a practicar!, pero con algo menos serio. Escriba cinco cosas que desee para su país o para Europa, cuanto más imposibles o absurdas parezcan, mejor. Utilice la estructura que acaba de aprender: Quiero/ Sueño con (un país) donde...

Ejemplo

Sueño con una Escocia donde se puedan cultivar naranjas.

Actividad 2.16

Muchos de los problemas mencionados en las actividades anteriores son comunes a toda América Latina. Piero, un cantautor argentino muy conocido, habla sobre ellos en su canción *Ojalá … con gran amor*, que expresa su esperanza de que las cosas cambien.

1 El segmento de la canción que le damos a continuación está incompleto. Complete cada verso con una de las siguientes frases:

con banderas

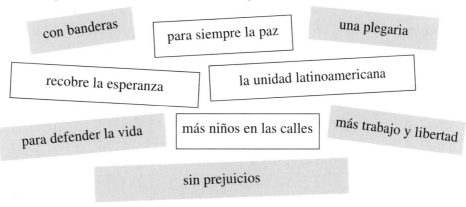

para siempre la paz

una plegaria

recobre la esperanza

la unidad latinoamericana

para defender la vida

más niños en las calles

más trabajo y libertad

sin prejuicios

Ojalá … con gran amor

Tengo una ilusión

Ojalá nuestras acciones cada día sean (a) una plegaria

cuidar la paz (b) para defender la vida

y que todos tengan (c) ……

y que no duerman (d) ……

que nos amemos (e) ……

que la juventud (f) ……

que no nos dividan más (g) ……

que se concrete (h) ……

y que esa unidad sea planetaria

y ojalá se quede a vivir con nosotros (i) ……

2 Vuelva a leer la canción de Piero y escriba tres o cuatro problemas que menciona.

Ejemplo

La juventud no tiene esperanza en el futuro.

3 Lea la canción y subraye el verbo que acompaña la expresión 'Ojalá'. ¿Qué forma tienen estos verbos?

Atando cabos

'Ojalá (que)' + present subjunctive

Another structure in which the subjunctive is used in a main clause (as opposed to in a subordinate clause) is that with *ojalá* . This is an informal way of expressing hopes. It is mostly used in spoken language and is very common. For example:

Ojalá (que) no duerman más niños en las calles.

Note that *que* is optional when following *ojalá*.

Actividad 2.17

Ahora tendrá la oportunidad de expresar sus buenos deseos usando 'ojalá'.

1 Escuche el Extracto 16 de su Cinta de actividades, donde algunos amigos le cuentan algo. Reaccione a lo que le dicen y exprese sus buenos deseos usando 'ojalá', como en el ejemplo.

Ejemplo

Amigo Quería jugar al tenis mañana pero el pronóstico del tiempo anuncia lluvia.

Usted ¡Ojalá no llueva!

Del dicho al hecho

In the course of a week listen and look carefully for news relating to Spanish America on the radio, television and in the press. Take notes and then write your reactions and wishes using *ojalá*.

Example

Your notes: El pueblo colombiano ha elegido a su nuevo Presidente.

Reaction: Ojalá acabe con la corrupción.

Unidad 3

Quizás, quizás, quizás

In this *unidad* you will learn how to express probability, possibility and doubt. You will also find out about job prospects for university students in Spain.

Learning Objectives

By the end of this *unidad*, you should be able to:

- Talk about the future in terms of what will probably or possibly happen;
- Locate events in the future;
- Understand and talk about the process of finding a job in the Spanish-speaking world.

Key Learning Points

Sesión 1

- Talking about probability and possibilities for one's future.
- Introduction to structures of probability and possibility with indicative and subjunctive.

Sesión 2

- Making predictions about the future.
- Expansion of structures of probability and possibility with indicative and subjunctive.
- Using *cuando* to locate events in the future.
- Pronouncing disjunctive sentences.

Sesión 3

- Saying what kind of employee one is looking for.
- Finding a job.

Study chart

Activity	Timing (minutes)	Learning point	Materials
		Sesión 1 ***Carreras del futuro***	
3.1	35	Reading: career choices for women and men	Dictionary
3.2	25	Writing about professions for men and women in different countries	
3.3	25	Expressing possibility and probability	Activities Cassette, Transcript Booklet
3.4	25	Talking about plans for the future	Activities Cassette
		Sesión 2 ***Hablando de posibilidades***	
3.5	30	Listening: career choices and job prospects	Activities Cassette, Spanish Grammar, Transcript Booklet
3.6	20	Making predictions about the future	
3.7	20	Locating events in the future using *cuando*	
	10	**Pronunciation**: disjunctive sentences	Pronunciation Practice Cassette and Booklet
		Sesión 3 ***A la búsqueda del trabajo ideal***	
3.8	30	Reading: job advertisements Using the subjunctive with *buscar*	
3.9	25	Speaking: leaving a message on an answerphone	Activities Cassette
3.10	20	Reading: letter of application for a job Listening: a job interview	Activities Cassette
3.11	30	Speaking: a job interview	Activities Cassette
3.12	30	Writing and speaking: describing your ideal job	Activities Cassette
	10	**Pronunciation**: integrated activity	Pronunciation Practice Cassette and Booklet

Sesión 1 Carreras del futuro

In this *sesión* you will learn how to refer to events that may or may not take place in the future. You will also be introduced to the world of work.

Actividad 3.1

Las diferencias entre lo que las mujeres y los hombres eligen como su profesión es a menudo un tema de discusión. El artículo *Ingeniero, ¡Huy qué miedo!* examina los factores que influyen en las opciones profesionales de los chicos y de las chicas españoles.

1 Antes de leer el artículo busque en el diccionario la palabra 'carrera' y mire lo que significa en español. Cuando lea el texto decida cuál es el significado que mejor corresponde a este contexto. Apunte el nuevo vocabulario sobre profesiones en su Diario.

2 Lea ahora el artículo y conteste: ¿De qué trata?

El artículo trata de...

INGENIERO ¡HUY QUÉ MIEDO!

Se llama Elena. Nunca sería ingeniero naval o físico nuclear porque 'Odio las ciencias', afirma. Estudia COU, la opción de letras puras. Le interesa el arte. Quiere ser psicóloga o periodista, 'aunque todavía no lo tengo claro', declara.

Julio, por el contrario, aspira a convertirse en ingeniero naval o aeronáutico. Tiene 18 años y también cursa COU. Física es su asignatura preferida y no le van nada profesiones como asistente social, psiquiatra o auxiliar de puericultura.

Ante los dos se abren las mismas puertas. Con una formación muy similar, eligen, sin embargo, opciones opuestas. Elena apunta más bajo que Julio, a una ocupación que le proporcionará unos ingresos menores y una posición social inferior, mientras su compañero se encamina, a través de la ingeniería, hacia un puesto directivo donde cobrará el doble que ella y tomará parte activa en las decisiones que mueven la sociedad.

Como Elena y Julio piensa la mayoría de los jóvenes. Esos que, a punto de despedirse del colegio, están en edad de plantearse qué van a ser de mayores. Y en esta decisión influye de forma importante el ser hombre o mujer.

Ya desde la escuela, se van desviando los intereses de las chicas de ciertas áreas del conocimiento. Esto lleva a la autoexclusión de muchas mujeres del ámbito de la ciencia y la técnica.

Y es que son las ingenierías las principales proveedoras de los directivos. En estas carreras, el porcentaje de mujeres no llega al 17 por ciento. Si la presencia femenina no aumenta, las mujeres seguirán sin influir en las decisiones que afectan a su vida.

COU (Curso de Orientación Universitaria) last year of school before university

letras arts, humanities subjects

no lo tengo claro I'm not sure

asignatura subject

no le van nada profesiones como... he isn't at all interested in professions like...

de mayores when they grow up

se tiran más por they are more inclined towards, they tend to go in more for

Las chicas se tiran más por las ciencias sociales. Psicólogo, abogado, juez, auxiliar de puericultura y asistente social son las favoritas de ellas, justo las que los chicos detestan con más fuerza. Y a la inversa se produce el mismo efecto: las chicas aborrecen las preferencias del sexo opuesto, centradas en la rama científico-técnica, sobre todo las ingenierías.

Esto no beneficia a la mujer, sin duda, pero tampoco a la sociedad, que tiene que renunciar a los posibles talentos del 50 por ciento de sus miembros.

(Adaptado de Susana Tello, *Cambio 16*, 24 de mayo de 1994, No. 1.174)

3 Vuelva a leer los dos primeros párrafos del artículo, donde se habla de las preferencias de Julio y Elena, y rellene la tabla.

	preferencias	lo que odian
Elena		
Julio		

4 Lea ahora desde 'Ante los dos se abren las mismas puertas…' hasta el final y conteste las siguientes preguntas:

(a) ¿En qué momento comienzan a formarse las decisiones sobre el futuro profesional de los chicos y chicas?

(b) ¿Qué áreas empiezan a abandonar las chicas?

(c) ¿Qué carreras son las favoritas para las chicas y cuáles para los chicos?

(d) Según lo que dice el artículo, ¿qué consecuencias tiene el que las mujeres no se lancen profesionalmente a carreras de tipo técnico o científico?

- consecuencias para las propias mujeres
- consecuencias para la sociedad en general

Actividad 3.2

A continuación tiene la oportunidad de escribir sobre las tendencias que se observan en su propio país.

1 Escriba un texto de 100 palabras aproximadamente sobre el tema 'Preferencias profesionales de las mujeres y hombres'. Tome como punto de partida la tabla que se adjunta, *Odian lo que el sexo opuesto prefiere*.

Before writing it is important to jot down the main ideas that you are going to develop. Think of a good beginning – in this case it could be a reference to the table that follows; and think of how you are going to finish your text – perhaps a comparison saying how different or similar things are between your country and Spain. These are just suggestions. You can do it in many other ways.

Odian lo que el sexo opuesto prefiere

Profesiones	Hombres	Mujeres
Técnico Electrónico	Favorita	Detestable
Ingeniero Electrónico	Favorita	Detestable
Físico Nuclear	Favorita	Detestable
Ingeniero Naval	Favorita	Poco interesante
Ingeniero Aeronáutico	Favorita	Poco interesante
Psicólogo	Interesante	Favorita
Juez	Interesante	Favorita
Abogado	Poco interesante	Favorita
Asistente Social	Detestable	Favorita
Auxiliar de Puericultura	Detestable	Favorita
Técnico de Informática	Favorita	Favorita
Periodista	Favorita	Favorita
Arqueólogo	Favorita	Favorita
Diplomático	Interesante	Interesante
Médico General	Interesante	Interesante
Practicante	Detestable	Detestable
Otorrino	Detestable	Detestable
Lingüista	Detestable	Detestable
Filósofo	Detestable	Detestable
Político	Detestable	Detestable
Religioso	Detestable	Detestable

(Adaptado de Susana Tello, *Cambio 16*, 24 de mayo de 1994, No. 1.174)

2 Escriba en su Diario el vocabulario nuevo.

Actividad 3.3

En esta actividad va a aprender a expresar lo que puede que ocurra en el futuro. Para ello va a escuchar a Alicia y a Javier, que hablan en la radio sobre lo que van a hacer cuando acaben el COU.

1 Escuche la entrevista en el Extracto 17 de su Cinta de actividades y tome notas sobre las posibles carreras de Alicia y Javier. Conteste: ¿Cree que tienen claro lo que van a estudiar cuando terminen COU?

2 Escuche la entrevista de nuevo y mientras escucha rellene los espacios con las palabras que faltan:

Si todo me va bien ...... Periodismo.

Ya veré, ... al final me lanzo por Psicología.

¡Quién sabe! ...... tomar una opción práctica.

De todos modos, ... porque el COU lo hice por Letras.

Si todo me sale bien ...... lo que me gusta.

Me encantan las máquinas. ...... una Ingeniería, aunque...... por Telecomunicaciones.

Atando cabos

Expressing possibility and probability

Javier and Alicia use different structures depending on how likely or unlikely they think the outcome will be.

To express what one considers possible, you heard:

- *Es posible que* + present subjunctive

  Es posible que tenga que optar por Telecomunicaciones.

- *Puede que* + present subjunctive

  Puede que al final decida tomar una opción práctica.

- *A lo mejor* + indicative (or sometimes + present subjunctive in Spanish America)

  A lo mejor al final me lanzo por Psicología.

To express what one considers probable, you heard:

- *Es probable que* + present subjunctive

  No es muy probable que me acepten.

- *Seguro que* + indicative

Note that this expression denotes a high degree of certainty.

  Seguro que hago una carrera técnica.

You will learn other such expressions in the next *sesiones*.

3 Lea la transcripción de la entrevista y decida qué carreras de las mencionadas elegirán Alicia y Javier con más o menos probabilidad.

Actividad 3.4

Carmen y Pepe quieren saber de sus planes para el futuro, pero usted no está muy seguro de lo que va a hacer. Ésta es su oportunidad de practicar cómo hablar sobre lo que es posible o probable para su propio futuro.

1 Primero Carmen quiere saber qué piensa hacer usted después de terminar este curso de español. Escriba algunas posibilidades (en infinitivo) y señale el grado de posibilidad y probabilidad de que ocurra, como en los ejemplos.

Ejemplo

Hacer el siguiente nivel (Es posible)

Ir a un país de habla hispana (No es probable)

2 Luego Pepe le va a preguntar qué planes tiene en relación con su futuro profesional. Escriba algunos planes posibles, como ha hecho en el paso anterior.

3 Ahora imagine que usted está realmente contestando las preguntas. Grábese. Tiene un minuto para cada respuesta.

4 Escuche su grabación dos o tres veces y autoevalúese con relación a los siguientes puntos:

- ¿Ha usado las expresiones de posibilidad o probabilidad adecuadas?
- ¿Están los verbos en el tiempo correcto?
- ¿Ha dicho lo que quería decir?

5 Escuche un modelo para este ejercicio en el Extracto 18 de su Cinta de actividades.

Sesión 2 Hablando de posibilidades

In this *sesión* you will further explore ways of talking about what may or may not happen in the future.

Marina

Actividad 3.5

Escuche a algunos jóvenes españoles hablar de cómo ven su futuro.

1 Antes de escuchar la cinta, una las frases de la columna de la izquierda con las de la derecha.

(a) Quizás, cuando acabe, pueda ir a hacer prácticas en una clínica de unos conocidos...	(i) ... porque hay compañeros que ya han encontrado alguna cosa.
(b) Quizás me case o quizás no...	(ii) ... me costará mucho encontrar trabajo.
(c) Probablemente, cuando salga de Derecho...	(iii) ... y más adelante, pues probablemente pueda encontrar trabajo.
(d) Tengo expectativas de trabajar de lo que he estudiado...	(iv) ... pero posiblemente no encuentre trabajo.
(e) Sería cuestión de empezar a buscarlo...	(v) ... pero me gustaría.

2 Escuche el Extracto 19 de su Cinta de actividades para comprobar sus respuestas.

3 Con las dificultades que los jóvenes encuentran cuando terminan sus estudios, es normal que los entrevistados no estén muy seguros de lo que ocurrirá en el futuro. Ahora escuche la cinta otra vez y rellene el cuadro siguiente con las expectativas de los jóvenes cuando acaben sus estudios.

a largo plazo
in the long term

trabajar de lo que sea
to do any kind of work, to work at anything

	Primera actividad mencionada	Trabajo ideal u objetivo a largo plazo
Estudiante 1		
Estudiante 2		
Estudiante 3		
Estudiante 4		
Estudiante 5		

4 Ahora conteste las siguientes preguntas:

(a) Según la grabación, ¿cómo cree usted que están los ánimos de los jóvenes?

(b) ¿Cree que los estudiantes tienen claro lo que van a hacer cuando terminen sus estudios?

5 Ahora lea la transcripción y subraye las estructuras usadas por los jóvenes para hablar de las posibilidades que tienen para el futuro.

Ejemplo

Quizás, cuando acabe..., etc.

Atando cabos

Expressing possibility and probability

To express what one considers possible, you can use:

- *Posiblemente* + present subjunctive (or indicative)

  Posiblemente no encuentre trabajo.

- *Quizás* + present subjunctive (or indicative)

  Quizás me case.

To express what one considers probable, you can use:

- *Seguramente* + indicative (any tense referring to the future)

  Seguramente buscaré *or* busco principalmente en lo mío.

- *Probablemente* + present subjunctive (or indicative)

  Probablemente trate de buscar un trabajo muy relacionado con lo que he estudiado.

Subjunctive or indicative

One of the students said the following sentence, with the verb in the indicative:

Probablemente me costará mucho encontrar trabajo.

You will probably have noticed that the above structures for *posiblemente, probablemente, quizás* and *tal vez* show that the indicative may be used with these words, and indeed its use has become increasingly common in Spanish. The choice of which to use relates to the degree of certainty intended by the speaker. Thus, *Probablemente* ***iremos*** *a la playa de vacaciones* carries a higher degree of certainty about what may be happening than *Probablemente* ***vayamos*** *a la playa de vacaciones.* At this level you would be best advised to use the present subjunctive with those forms that admit both. That way you cannot go wrong!

G

You may now want to read your Spanish Grammar, pages 32-4. You will also find a comprehensive grid with these expressions in the *Resumen gramatical.*

The above discussion does not apply to *es probable que* + present subjunctive, *es posible que* + present subjunctive, *puede que* + present subjunctive, which do not admit the indicative. Likewise, *seguro que* + indicative does not admit the subjunctive.

Actividad 3.6

Imagine que tiene una bola de cristal para predecir el futuro.

1 Los dibujos siguientes representan algunas de las imágenes en su bola. Escriba debajo de cada imagen las predicciones que representan. Puede usar las siguientes expresiones:

Posiblemente/ Probablemente + *present subjunctive*

Es posible que / Es probable que + *present subjunctive*

No es probable que + *present subjunctive*

Seguramente + *future indicative*

(a)

En el nuevo milenio es posible que viajemos a Marte de vacaciones

(b)

(c)

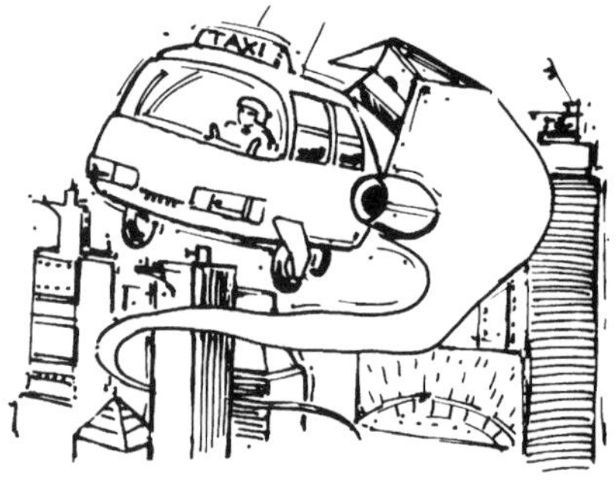

(d)

(e)

(f)

2 Ahora añada sus propias ideas de cómo cree que será la vida en el futuro.

Actividad 3.7

En esta actividad aprenderá cómo situar una acción en el futuro usando 'cuando'.

1 Lea las siguientes frases y conteste: ¿Qué tiempo verbal sigue a 'cuando'?

Cuando **termine** la carrera voy a buscar trabajo.

Iré a tu casa cuando **acabe** lo que estoy haciendo.

Atando cabos

Locating in the future: 'Cuando' + present subjunctive

You are familiar with *cuando* to locate events in time. Look at these two sentences:

Cuando acabé la carrera tenía 23 años.

Tendré 23 años cuando acabe la carrera.

In Spanish, if ***cuando*** is used to locate an event in the future, it is followed by the ***present subjunctive***.

Cuando + present subjunctive	Future
Cuando termine de comer	voy a fregar/ fregaré los platos

2 Ahora, a practicar. Una las dos partes para construir frases que tengan sentido.

(a) Cuando mejore mi español	(i) verás el cuadro de Murillo.
(b) Cuando terminen de leer el libro	(ii) los hombres podrán vivir en paz.
(c) Cuando visites la catedral	(iii) tendremos problemas para encontrar trabajo.
(d) Cuando acabemos la carrera	(iv) pasaré a buscarte.
(e) Cuando se acaben las guerras	(v) podré viajar a Paraguay.
(f) Cuando salga del trabajo	(vi) comprenderán la visión del autor.

3 Mire los siguientes planes y decida cuándo los va a realizar. Puede usar las siguientes expresiones para planes: el futuro de indicativo (*future indicative*), 'voy a...', 'tengo pensado/planeado...', 'pienso…'

aprender a volar	tener un perro
dar la vuelta al mundo	comprarse un Jaguar

Ejemplo

Cuando me toque la lotería tengo pensado dar la vuelta al mundo.

Pronunciación

Do the exercise in *Práctica 38* of the Pronunciation Practice Cassette and Booklet to practise disjunctive sentences.

Sesión 3 A la búsqueda del trabajo ideal

In this *sesión* you will have the opportunity to familiarize yourself with the job market. You will read some ads, and will even have a go at an interview for a summer job!

Actividad 3.8

Si alguna vez ha sentido curiosidad por mirar la sección de anuncios de trabajo en otros idiomas, ésta es su oportunidad de familiarizarse con los que están en español.

1 Usted está interesado en solicitar un empleo en España o Hispanoamérica. Lea estos anuncios de trabajo sacados de varios periódicos y conteste las siguientes preguntas:

(a) ¿Qué persona busca cada anuncio?

(b) Elija dos de los trabajos que se anuncian. ¿Cuáles son los requisitos para solicitarlos?

(c) A usted, ¿qué trabajo le interesaría?

(d) ¿Qué debe mandar para solicitarlo?

PINTOFORMA

GESTOR COMERCIAL

Mercados Internacionales

Ref. 97117

Somos una empresa de servicios, productores de pasta blanqueada para pinturas. Nuestra misión consiste en desarrollar las ventas en los mercados internacionales: Estados Unidos, Oriente y África, a través de agentes y distribuidores.

Buscamos un gestor con formación de Económicas o Empresariales, para coordinar los pedidos, el transporte y las ventas.

La residencia será en España, con disponibilidad para viajar continuamente.

Excelente oportunidad de trabajo y de carrera. La retribución será en función de la valía y experiencia.

Interesados enviar un Currículum Vitae detallado a nuestra oficina en:

Calle Mayor 38, 23002 Madrid.

PAYMA COMUNICACIONES LTDA.

Precisa en su oficina en México D.F.
INGENIEROS DE TELECOMUNICACIONES
Para cubrir los siguientes puestos:
INGENIEROS DE TELECOMUNICACIONES (Ref. 646TG)
JEFE DE PRODUCTO (Ref. 650 CT)

Requerimos:

- Experiencia comercial
- Conocimientos de productos de Comunicación de Datos y Redes
- Alto nivel de inglés

Ofrecemos:

- Incorporación a una empresa de sólida implantación y con una gama de productos altamente competitivos.
- Interesante retribución económica en función de la experiencia y perfil del candidato.
- Formación continua

Interesados enviar la Hoja de Vida al apartado de Correos 7200 de México D.F., indicando en el sobre la referencia.

Empresa multinacional de componentes de automóvil

Busca 2 vendedores

para sus oficinas de Bogotá

Requisitos

- Experiencia comprobada de 4 años en ventas, y trabajos de ventas.
- Experiencia en varias marcas de carro.
- Manejo de carros modernos.
- Alto sentido de iniciativa y responsabilidad.
- Capacidad de adaptación a distintos puestos de trabajo.
- Edad inferior a 40 años.

Se ofrece

- Incorporación inmediata.
- Remuneración interesante.

Los interesados deberán mandar la Hoja de Vida al:
Centro Comercial Bochica,
Transversal 28 # 19-47, Bogotá

EMPRESA MULTINACIONAL DE COSMÉTICA, LÍDER EN SU SECTOR

PRECISA

DELEGADO COMERCIAL DE GRANDES CUENTAS EN VENEZUELA

Se requiere:

- ❑ *Titulación Superior: Económicas*
- ❑ *Experiencia comercial de 2 años*
- ❑ *Inglés fluido*
- ❑ *Informática a nivel de usuario*
- ❑ *Edad alrededor de 30 años*
- ❑ *Disponibilidad para viajar*

Se ofrece:

- ❑ *Incorporación inmediata*
- ❑ *Remuneración negociable en función del perfil y experiencia*

Los interesados deberán mandar Currículum Vitae y fotografía reciente a
Calle Guaraní, Quinta Sofía # 62,
El Llanito, Caracas, Venezuela

HISPANOAMÉRICA

Aunque 'currículum vitae' también se usa en Hispanomérica, allí también es común usar las expresiones 'hoja de vida', 'historial personal' y 'currículo'.

2 Preste atención a este extracto de un anuncio y lea el Atando cabos.

Buscamos un gestor comercial… que coordine los pedidos, el transporte y las ventas de la empresa…

Atando cabos

'Busco una persona que'+ present subjunctive

The structure is the same as that with *Quiero* which you saw before.

Buscar	(a alguien)	que	present subjunctive
	... una persona		sea simpática.
Busco/ -amos	(a) ... alguien	que	sepa inglés.
	... un director		tenga vitalidad.

3 Su empresa necesita contratar a los siguientes empleados. Escriba frases que incluyan descripciones que puedan usarse con cada una de estas personas. Puede usar la lista de cualidades que se ofrece o usar otras que usted conozca.

Ejemplo

Buscamos un director que tenga carisma y experiencia en márketing internacional.

(a) un director

(b) una secretaria

(c) un jefe de personal

(d) un cocinero

ser eficiente
tener dotes de líder
tener conocimientos de procesamiento de datos
tener experiencia de restaurante de cinco tenedores
tener experiencia en márketing multinacional
hablar inglés
escribir a máquina
saber cocina internacional
poder trabajar en equipo

Actividad 3.9

Usted ha decidido solicitar un trabajo y llama para pedir más información. Encontrará un contestador automático.

1 Escuche el Extracto 20 de la Cinta de actividades y tome nota de los datos que le piden para incluir en su mensaje.

2 A continuación grabe su respuesta con la información que se le pide.

Actividad 3.10
informática
I.T.

Marcela Graziani es una profesional de la informática que ha solicitado un trabajo con la firma Benavente y Asociados, de Buenos Aires.

1 Lea la carta que ha escrito y conteste las siguientes preguntas:

(a) ¿Qué trabajo solicita?

(b) ¿Qué estudios tiene?

(c) ¿Qué experiencia tiene en esa área de trabajo?

(d) ¿Por qué lo solicita?

Rosario, 30 de septiembre de 1999

Muy señores míos:

Ref: AP/1999

En contestación a su anuncio publicado en el periódico *La voz de Buenos Aires* con fecha 20 de septiembre del 1999, referente a Analistas de Sistemas en su compañía, me complace presentarles mi candidatura para dicho puesto y adjunto les envío mi historial personal.

Terminé mis estudios de Ingeniería de telecomunicaciones en 1990. Primero trabajé para la compañía de informática Soluciones Reales como analista de sistemas. De ahí pasé a Telefónica Argentina, primeramente a la central de Buenos Aires, y después al nuevo centro de Rosario, donde todavía trabajo.

Tengo experiencia en entornos PC y mainframe, y estoy interesada en dedicarme al sector financiero.

No duden en ponerse en contacto conmigo para cualquier aclaración.

Atentamente

Marcela Graziani Arras

Marcela Graziani Arras

Cervantes 1334 - (1980) Rosario

Tel. 42-49-80

P.D. (= postdata)
P.S.

P.D. Le remito adjunto el historial personal.

2 La señorita Graziani ha conseguido pasar la preselección. Escuche la entrevista que tiene con el Director de Recursos Humanos, en el Extracto 21 de su Cinta de actividades, y rellene el cuadro que encontrará a continuación.

	Puesto y responsabilidad	Periodo de empleo
En Soluciones Reales		
En Telefónica Argentina: (a) Departamento de Procesamiento de datos (b) En Rosario		
Perfil de la persona que buscan		
Descripción del puesto		
Salario		
Horario de trabajo		

Actividad 3.11

Ahora le toca a usted tomar parte en una entrevista. Usted ha decidido que la mejor manera de practicar el español es trabajar en un país de habla hispana en el verano. Ha solicitado un trabajo en un camping en España.

1 La compañía de campings va a llamarle para una entrevista telefónica. Lea las preguntas en voz alta y grabe sus respuestas sin prepararlas demasiado. ¡A ver qué pasa cuando habla de manera espontánea!

- ¿Cuál es su nivel de español?
- ¿Tiene alguna experiencia en este tipo de trabajo?
- ¿Cuál es su ocupación?
- ¿Cuándo está disponible para trabajar?
- ¿Tiene alguna pregunta?

2 Escuche su grabación y autoevalúese prestando atención a su pronunciación y claridad de ideas.

3 Escuche el Extracto 22 de su Cinta de actividades, donde encontrará una entrevista modelo.

Actividad 3.12

Antes de terminar la sesión, ésta es su oportunidad de describir su trabajo ideal.

1 En primer lugar piense cuál sería el trabajo ideal para usted. Escriba una lista de las características que debería tener.

Ejemplo

un trabajo que me deje mucho tiempo libre

2 Ahora grábese haciendo la presentación sobre este trabajo ideal. No olvide usar las expresiones que ha aprendido en esta unidad.

Ejemplo

Quiero un puesto **que tenga** mucha responsabilidad.

Busco un trabajo **que me deje** tiempo libre para relajarme y disfrutar del ocio.

3 Por último escuche en el Extracto 23 de su Cinta de actividades a una persona que describe su trabajo ideal. ¿Coinciden en sus deseos?

Pronunciación

Do the exercises in *Práctica 39* of the Pronunciation Practice Cassette and Booklet.

Unidad 4 *Repaso*

In the first three *unidades* of this book you learned to use the imperative in different situations. You also looked at various expressions to use for more polite or formal language. Finally, you were introduced to the present subjunctive, along with new structures for expressing wishes and hopes for the future. You also learned how to talk about future events as being possible, probable, or not likely to happen. In this *unidad,* you will revise all these communicative functions and the main grammatical structures to use with them.

Revision Objectives

By the end of this *unidad* you should have revised:

- How to make requests and how to get things done in formal and informal situations;
- How to say what you like and dislike about other people;
- How to express wishes for and expectations of the future;
- How to express hopes and aspirations for the future;
- How to talk about the future in terms of what seems possible, probable or certain.

Key Revision Points

Sesión 1

- Making requests and getting things done in formal and informal situations.
- Use of polite expressions for requests.
- Use and form of the imperative.
- Expressing wishes and expectations.

Sesión 2

- Expressing hopes and aspirations for the future.
- Use of *ojalá* to express wishes.
- Predicting the future in terms of possibility and probability.

Study chart

Activity	Timing (minutes)	Learning point	Materials
		Sesión 1 El que busca, encuentra	
4.1	25	Speaking: making requests and getting things done in formal and informal situations	Activities Cassette
4.2	30	Practice of *tú* and *usted*	Audio Drama, Transcript Booklet
4.3	30	Grammar practice: verb forms in the present subjunctive Writing: descriptions and *Busco una persona que* + present subjunctive	
4.4	25	Reading: *Consejos para conseguir trabajo* Grammar revision: the imperative	
		Sesión 2 ¿Qué nos traerá el futuro?	
4.5	30	Listening: hopes and aspirations for future generations Writing practice	Video
4.6	20	Expressing wishes using *ojalá*	
4.7	25	Predicting one's future in terms of probabilities and possibilities	
4.8	20	*El gramatikón*	

Sesión 1 El que busca, encuentra

In this *sesión* you will revise your communication skills in both formal and informal situations. You will also follow some members of the Mochales family as they sort out their problems.

Actividad 4.1

En esta actividad usará el imperativo para pedir que alguien haga algo en situaciones que requieren un lenguaje cortés.

1 Escuche el Extracto 24 de su Cinta de actividades, donde se le darán instrucciones para pedir algo en diferentes situaciones.

Ejemplo

Situación: Usted está en la central telefónica y quiere llamar por teléfono a su casa en Inglaterra. Pida línea a la telefonista.

Usted: ¿Podría darme línea para el extranjero, para Inglaterra?

2 Escuche el Extracto 25, donde encontrará un modelo para este ejercicio. ¿Se acordó de usar las fórmulas de cortesía que ha aprendido en este libro?

3 Ahora lea las siguientes situaciones y escriba lo que diría en cada una de ellas:

Ejemplo

Situación: Está en el aeropuerto y su hermana ha ido a preguntar la hora de salida del avión de Manchester, que lleva retraso. Cuando regresa usted le pregunta a qué hora sale el avión.

Usted: ¿Qué te han dicho? ¿A qué hora sale?

(a) **Situación**: Usted está cocinando algo en la cocina y de repente llaman por teléfono. Su mujer o su marido entra en la cocina diciendo que es para usted. ¿Cómo le dice a su marido o a su mujer que le quite la sartén del fuego?

(b) **Situación**: Se le han olvidado las llaves de casa y tiene que llamar por el portero automático a su vecina, que es una señora de 80 años. Pídale que le abra la puerta.

(c) **Situación**: La misma situación, pero ahora está llamando a su propia casa. Usted nunca lleva llaves porque sabe que su madre está esperándole para comer. Pídale que le abra.

(d) **Situación**: Su sobrino de ocho años ha venido a pasar el fin de semana con usted. Usted le ha dicho que se ponga el pijama pero está jugando y no le hace caso. Dígaselo otra vez.

(e) **Situación**: Usted está en una cena de gala. ¿Cómo le pide a la persona de su derecha, a la que no conoce, que le pase la pimienta?

Actividad 4.2

En esta actividad usted se va a convertir en el autor de *Un embarazo muy embarazoso*. Ha decidido introducir un nuevo enredo en el séptimo episodio: Rosarito y Zacarías se van a casar. Pero un mes antes de la boda Zacarías descubre un poema de amor que Rosarito parece haber escrito a un hombre llamado Saturnino. Es posible que sea un malentendido, pero de momento ha estallado una discusión entre los dos amantes.

1 Escuche el Episodio 7 del radiodrama desde el comienzo hasta '*¿De qué verdad me hablas? – ¡De ésta!*' para recordar el dramatismo y el contenido de la discusión entre Carlos e Isabel.

2 Con la ayuda de la transcripción adapte esa sección del episodio y escríbala de nuevo poniendo a Zacarías en el lugar de Isabel y a Rosarito en el lugar de Carlos. Recuerde que Zacarías y Rosarito se tratan todavía de usted. Concéntrese en las formas verbales pero dése cuenta de que también deberá adaptar algo de la información circunstancial de los personajes (las referencias al embarazo, por ejemplo).

Ejemplo

Rosarito: Zacarías, por última vez, ¡cuénteme cuál es el problema!

Zacarías: ¡Usted tiene un amante, Rosarito! ¿Cómo ha podido hacerme eso?

Rosarito: ¿Un amante?… ¿Yo? ¿Está usted loco?

Zacarías: Sí, ese Saturnino, o como se llame.

…

Actividad 4.3

Zacarías y Rosarito rompieron su compromiso, pero Zacarías quiere encontrar otra pareja. Ha decidido escribir a la agencia matrimonial Cupido, y después de unos días recibe un sobre con detalles de posibles parejas.

1 Cuando abre la carta, Zacarías se da cuenta de que algunas palabras están borrosas y no puede leerlas bien. Usted va a ayudarle a descifrarlas. Lea las cartas e intente poner las palabras correctas en los espacios.

(a) Hola, soy una mujer de 60 años muy dinámica. Acabo de jubilarme. Hasta hace unos meses trabajaba como intérprete para una gran empresa española. Busco una persona que (1) ...... una relación seria. Quiero conocer a alguien al que le (2) ...... viajar y que (3) ...... al golf. Me gusta que los hombres (4) ...... hombres, es decir, que (5) ...... fuertes y seguros de sí mismos, pero que (6) ...... tratar a una dama, es decir, espero encontrar a alguien que (7) ...... un auténtico caballero. Si quieres que (8) ...... una cita para conocernos, escríbeme a P.O. 1567, Madrid.

jugar, tener, gustar, ser, saber, querer

(b) Hola, soy divorciada, bastante joven para mi edad (55 años). Me interesa la naturaleza y busco a alguien que (1) ...... pasión por los animales, como yo. Ni qué decir, no quiero a alguien que (2) ...... a favor de la caza, por ejemplo. Me molesta también que la gente no (3) ...... el medio ambiente. Busco una persona que (4) ...... las mismas cosas que yo: medio ambiente, animales, naturaleza… Espero que (5) ...... sentido del humor y que (6) ...... divertirse. ¡Ojalá (7) ...... conocerme! Ref. 213

tener, defender, respetar, saber, querer, sentir, mostrarse

(c) Hola. Soy una viuda jubilada con mucho tiempo y dinero. ¿Te intereso? Busco a alguien que (1)...... dispuesto a vivir a tope. Espero que le (2)...... viajar, porque tengo la ilusión de dar la vuelta al mundo. No espero encontrar a un hombre que (3)...... en el amor de mi vida. Me gustaría encontrar a alguien que (4)...... las manías de los demás y que (5)...... a ser un verdadero amigo. No quiero una persona que (6)...... muy intelectual o sofisticada. No quiero pasarme el día hablando de arte, de cine o de literatura. También detesto que la gente (7)...... de política. Si crees que podemos congeniar... ¡todavía me quedan unos años de vida! Ref. 374.

gustar, llegar, hablar, convertirse, estar, ser, tolerar

2 Imagínese que usted es Zacarías. ¿A cuál de las tres cartas contestaría? Escriba una carta de respuesta a la persona que cree que mejor encajaría con usted (como Zacarías). Incluya una descripción de cómo usted se imagina a Zacarías físicamente y en carácter, y diga que quiere concertar una cita para conocerse personalmente.

Estimada desconocida…

Actividad 4.4

Mientras Zacarías busca una compañera para el futuro, Rosita está también preocupándose por su futuro. Está a punto de terminar el primer año de la universidad y ha solicitado un trabajo para el verano. Tiene una entrevista pero no sabe muy bien qué hacer. Déle consejos usando el texto a continuación.

Ejemplo

Rosita, cuida tu aspecto personal cuando vayas a la entrevista y no llegues tarde.

CONSEJOS PARA CONSEGUIR TRABAJO

LA ENTREVISTA DE SELECCIÓN

1 Es fundamental prepararse para la entrevista informándose sobre la empresa en aspectos tales como sector al que pertenece, actividad que realiza, productos, facturación, número de empleados, puesto en el ránking de mercado, etc.

2 Es muy importante cuidar el aspecto personal, tanto de higiene como de vestuario. La indumentaria dependerá del puesto al que se quiera acceder.

3 Lo mejor es llegar a la entrevista en el momento justo, ni mucho antes, pues daría una sensación de ansiedad, ni mucho después, ya que se haría esperar al entrevistador.

4 Es conveniente llevar a mano el currículum vitae y los certificados de trabajo y estudios.

5 Durante la entrevista es importante escuchar con atención, demostrando que se entienden las explicaciones. Y responder con claridad, precisión y seguridad.

(From *¡Qué duro es ser joven!*, by Gonzalo Aragonés, in *Cambio 16*, 17 de febrero de 1997, no.13163)

Sesión 2 ¿Qué nos traerá el futuro?

In this *sesión* you will revise expectations, hopes and wishes for the future. You will also revise how to express possibility and probability, and you will have a chance to try your self-correction skills with *El gramatikón*.

Actividad 4.5

En esta actividad verá una secuencia de vídeo en que unos padres hablan de las aspiraciones que tienen para sus hijos.

1 Antes de ver el vídeo, mire las siguientes palabras y piense en qué tipo de cosas cree que van a decir los padres. Haga tres o cuatro frases. En algunos casos hay más de una posibilidad.

Ejemplo

Mi aspiración es que encuentre trabajo.

salud trabajo mundo mejor salud interior metas pareja feliz realizarse

2 Ahora una las siguientes partes:

(a) vivir	(i) salud
(b) encontrar	(ii) metas
(c) tener	(iii) en un mundo algo mejor
(d) alimentar	(iv) una salud interior
(e) realizarse	(v) como persona
(f) alcanzar	(vi) una personal para ellos

3 Vea la secuencia de vídeo (01:18:40 – 01:20:17) y tome nota de dos o tres aspiraciones más que mencionan.

4 Ahora usted. Ponga en acción lo que ha estudiado y escriba una redacción de 100 palabras sobre uno de los dos temas siguientes. No olvide usar las expresiones que aprendió en esta unidad, y la forma correcta del presente de subjuntivo.

¿Qué aspiraciones tiene para sus hijos?

¿Cuáles son sus deseos para los jóvenes de mañana?

Actividad 4.6

Siempre se puede desear que las cosas evolucionen de una determinada manera.

1 Lea los siguientes titulares de prensa y reaccione a lo que dicen usando 'ojalá'. Puede usar alguno de los verbos a continuación si lo desea.

conseguir, solucionar, arreglar, ponerse de acuerdo, llegar a un acuerdo, tener éxito, mantenerse

(a) **EL GOBIERNO COLOMBIANO ESTUDIA MEDIDAS PARA PACIFICAR EL PAÍS.**

Ojalá lo consigan.

(b) **Todos los partidos democráticos se comprometen a buscar medidas que acaben con el terrorismo.**

(c) **Las dos facciones enemigas firman finalmente la paz.**

(d) LA POLICÍA SIGUE LA PISTA A DOS CRIMINALES ESCAPADOS DE LA CÁRCEL DE CARABANCHEL.

(e) **El fantasma de la guerra civil recorre Albania.**

(f) **IBERIA Y LOS PILOTOS REANUDAN EL DIÁLOGO EN UN CLIMA DE ENFRENTAMIENTO.**

(g) **Investigadores de todo el mundo se dan cita en Toronto para dar un nuevo impulso a las investigaciones sobre el sida.**

Actividad 4.7

Aunque es imposible adivinar el futuro, es divertido. En esta actividad usted tendrá que predecir su propio futuro.

'Quizás hoy me salga la pócima del amor y entonces es posible que Merlín se me declare por fin.'

declarársele a alguien to propose to sb

1 Clasifique las expresiones de posibilidad que ha aprendido en este libro, bajo alguna de estas categorías:

Probable	Posible	Poco probable

posiblemente   es posible que   no es probable que   puede que

probablemente   es probable que   tal vez   seguro que

a lo mejor   quizá(s)   seguramente

2 Piense en su vida dentro de diez años y escriba frases que vayan desde lo posible a lo incierto. Preste atención a la forma verbal.

Ejemplo

Dentro de 10 años *seguramente tendré el pelo blanco / … es probable que vaya a vivir a América/ … a lo mejor me hago la cirugía estética.*

Actividad 4.8 *El gramatikón*

Más fechorías del famoso virus de la Open University.

1 Un grupo de estudiantes está hablando del profesor o la profesora ideal. Para ello han escrito en el ordenador una lista de puntos útiles. Su problema es que el maldito 'gramatikon' ha atacado la memoria y cada frase tiene un error. Descúbralo y corríjalo.

(a) Quiero que tengo mucha paciencia.

(b) Prefiero que sea comprensivo y me ayudaba cuando lo necesite.

(c) Espero que sea simpático y tengáis buen sentido del humor.

(d) Quiero una profesora que sabe explicar claramente.

(e) No quiero un profesor que ser estricto con los estudiantes.

(f) Me gusta que dominas bien la materia que enseña.

(g) No me gusta que llego tarde a clase.

(h) Me molesta que me preguntaste sobre mi vida privada.

2 Más jugarretas del 'gramatikon': varios estudiantes han hecho un ejercicio que consiste en inventar finales para las frases de abajo. El problema es que el virus ha cambiado las palabras y ahora sólo una de las frases tiene sentido. Descúbrala.

(a) Cuando acabe este curso…

- … iría a México de vacaciones.
- … me apuntaré al siguiente nivel.
- … solicite un trabajo en España.

(b) Saldré de paseo…

- … cuando llegué a casa.
- … cuando llegue a casa.
- … cuando llego a casa.

(c) Cuando sea su cumpleaños…

- … fue al cine.
- … lo celebraba con mis amigos.
- … dará una gran fiesta.

(d) Tengo planeado abrir una botella de champán…

- … cuando me den los resultados de los exámenes.
- … cuando descubrieron que había agua en Marte.
- … cuando me dieron el trabajo.

Resumen gramatical

Negative imperative: regular verbs (Actividades 1.4, 1.5)

	hablar	beber	abrir
tú	no habl**es**	no beb**as**	no abr**as**
Ud.	no habl**e**	no beb**a**	no abr**a**
vosotros, -as	no habl**éis**	no beb**áis**	no abr**áis**
Uds.	no habl**en**	no beb**an**	no abr**an**

Negative imperative of irregular verbs (Actividades 1.4, 1.5)

The rule is simple for *tú*, *usted* and *ustedes*: those verbs that have an irregularity in the first person of the present tense will carry it through to the negative imperative.

	tú	vosotros	Ud.	Uds.
decir	no digas	no digáis	no diga	no digan
hacer	no hagas	no hagáis	no haga	no hagan
ir	no vayas	no vayáis	no vaya	no vayan
poner	no pongas	no pongáis	no ponga	no pongan
salir	no salgas	no salgáis	no salga	no salgan
ser	no seas	no seáis	no sea	no sean
tener	no tengas	no tengáis	no tenga	no tengan
venir	no vengas	no vengáis	no venga	no vengan

Negative imperative of radical changing verbs (Actividades 1.4, 1.5)

	Present	Negative imperative
–e– → –ie– cerrar	cierro, cierras, cierra, cierran; cerramos, cerráis	no cierres (tú), no cierre (Ud.), no cierren (Uds.); no cerréis (vosotros)
–o– → –ue– recordar	recuerdo, recuerdas, recuerda, recuerdan; recordamos, recordáis	no recuerdes (tú), no recuerde (Ud.), no recuerden (Uds.); no recordéis (vosotros)
–e– → –i– medir	mido, mides, mide, miden; medimos, medís	no midas (tú), no mida (Ud.), no midan (Uds.); no midáis* (vosotros)

*Note: there are a few verbs that do not follow the rule exactly in the *vosotros* form, e.g. *sentir(se): no te sientas, no se sienta, no se sientan* but *no os sintáis*.

Negative imperative of pronominal verbs (Actividades 1.4, 1.5)

Any object or reflexive pronouns are placed **before** the verb:

duchar**se** → No **te** duches.

reír**se** → No **os** riáis.

Direct language (imperative forms) (Actividad 1.6)

- The imperative form: *Lávate las manos.*
- *¡A* + infinitive!: *¡A lavar(se) las manos!*

Polite requests (Actividades 1.9, 1.10)

Structures	Examples
¿Me podría... + *infinitive*	¿Me podría pasar la sal?
¿Le importaría... + *infinitive*	¿Le importaría explicármelo otra vez?
¿Me hace el favor de... + *infinitive*	¿Me hace el favor de abrirme la puerta?

Describing non-verbal communication (Actividad 1.11)

Expressions to qualify the way somebody moves.	Se mueve con gracia. Camina pisando fuerte. Gesticula sin parar.
Expressions to describe a quality somebody conveys.	Comunica fuerza. Transmite (una sensación de) serenidad.
Expressions to describe the image or impression somebody gives.	Da la impresión / la sensación de estar agotado. Muestra un gran dominio de la situación. Se ve que está contento. Parece contento. / Parece que está contento.

The present subjunctive (Actividades 2.2, 2.3)

(a) **–ar** verbs have **e** endings

–er and **–ir** verbs have **a** endings

(b) A simple rule for forming the present subjunctive: take the first person of the present indicative as your base, remove the ending and add the present subjunctive endings to the remaining root.

cuidar	comer	escribir
(que yo) cuid**e**	(que yo) com**a**	(que yo) escrib**a**
(que tú) cuid**es**	(que tú) com**as**	(que tú) escrib**as**
(que él, ella; Ud.) cuid**e**	(que él, ella; Ud.) com**a**	(que él, ella; Ud.) escrib**a**
(que nosotros, -as) cuid**emos**	(que nosotros, -as) com**amos**	(que nosotros, -as) escrib**amos**
(que vosotros, -as) cuid**éis**	(que vosotros, -as) com**áis**	(que vosotros, -as) escrib**áis**
(que ellos, ellas; Uds.) cuid**en**	(que ellos, ellas; Uds.) com**an**	(que ellos, ellas; Uds.) escrib**an**

As a general rule, any irregularity in the first person of the present indicative form will be carried on to the present subjunctive, except in the *nosotros* and *vosotros* forms (with a few exceptions). This applies to most irregular and radical changing verbs.
The main exceptions to the rule are: *dar, estar, haber, saber* and *ser*. Note, however, that in these verbs the irregular form is consistent through all persons:

dar	estar	haber	saber	ser
dé, des, dé,	esté, estés, esté,	haya, hayas,	sepa, sepas,	sea, seas, sea,
demos, deis,	estemos, estéis,	haya, hayamos,	sepa, sepamos,	seamos, seáis,
den	estén	hayáis, hayan	sepáis, sepan	sean

Note that there may be spelling changes in the subjunctive of some verbs in order to preserve the sounds /k/ and /g /:

tocar → to**que**; roncar → ron**que**

pagar → pa**gue**; jugar → jue**gue**

Que + present subjunctive: expressing likes and dislikes (about other things or people) (Actividades 2.2, 2.3, 2.4, 2.7)

Me gusta Me encanta	que + *subjunctive*	Me gusta que sea cariñoso. Me encanta que me hagan reír.
No me gusta Me molesta Me disgusta Me irrita Odio Detesto No soporto	que + *subjunctive*	No me gusta que salga con ese chico. Me molesta que seas tan ordenada. Me disgusta que no me hablen. Me irrita que seas tan cabezota. Odio que llegue siempre tarde. Detesto que dejes todo tirado. No soporto que fume tanto.

Que + present subjunctive: expressing hopes and wishes for the future (Actividades 2.9, 2.10, 2.12, 2.13, 2.14, 2.16, 2.17)

Espero **que**		Espero que se consiga la paz.
Quiero/Deseo **que**		Quiero que vengas conmigo.
Sueño con **que**		Sueño con que desaparezca el hambre.
Mi esperanza es / Mis esperanzas son **que**	+ *present subjunctive*	Mi esperanza es que sobreviva.
Tengo la esperanza de **que**		Tengo la esperanza de que sobreviva.
Mis aspiraciones son **que**		Mis aspiraciones son que encuentren la felicidad.
Mis expectativas son **que**		Mis expectativas son que se encuentre una vacuna.
¡Ojalá (**que**)...!		¡Ojalá haga buen tiempo!

¡*Que* + present subjunctive! : expressing good wishes to somebody (Actividad 2.11)

¡Que te mejores!

¡Que te diviertas!

Use of the present subjunctive in relative clauses: expressing the type of person, place, thing you want (Actividades 2.6, 2.15)

Verb of wish	+ noun	+ relative clause
Quiero/Busco	una persona	que toque el piano.
Sueño con/Quiero	una América	donde no haya hambre.

Expressing possibility and probability (Actividades 3.3, 3.4, 3.5, 3.6)

To express what one considers possible

Es posible que + *present subjunctive*	Es posible que tenga que optar por Telecomunicaciones.
Posiblemente + *present subjunctive (or indicative)*	Posiblemente no encuentre (*or* encontraré) trabajo.
Puede que + *present subjunctive*	Puede que al final decida tomar una opción práctica.
A lo mejor + *indicative (or sometimes + present subjunctive in SpAm)*	A lo mejor al final me lanzo por Psicología.
Quizás / Tal vez + *present subjunctive (or indicative)*	Quizás me case.

To express what one considers probable

Es probable que + *present subjunctive*	No es muy probable que me acepten.
Probablemente + *present subjunctive (or indicative)*	Probablemente trate (*or* trataré) de buscar un trabajo muy relacionado con lo que he estudiado.
Seguramente + *indicative*	Seguramente buscaré or busco principalmente en lo mío.
Seguro que + *indicative (*Note that this expression denotes a high degree of certainty.)	Seguro que hago una carrera técnica.

Locating in the future (Actividad 3.7)

Cuando + present subjunctive

Cuando salga del trabajo pasaré a buscarte.

Cuando termine de comer voy a fregar los platos.

Vocabulario

Descripción física

atractivo, -va
elegante
esbelto, -ta
fuerte
guapo, -pa
limpio, -ia
moreno, -na
rubio, -ia
viril

Descripción de carácter

abierto, -ta
activo, -va
amable
atractivo, -va
cariñoso, -sa
cortés
culto, -ta
diplomático, -ca
divertido, -da
educado, -da
elegante
expresivo, -va
extrovertido, -da
franco, -ca
fuerte
humilde
independiente
inteligente
introvertido, -da
sensible
sincero, -ra
sociable
tierno, -na
tímido, -da

El comportamiento social

la amabilidad
la cortesía
la elegancia
la franqueza
la hipocresía
la simpatía
la timidez

Las asignaturas

la biología
la filosofía
la física
el francés
la historia
el inglés
la lengua
la literatura
las matemáticas
los procesos administrativos
la química

Las profesiones

el abogado / la abogada
el arqueólogo / la arqueóloga
el director de empresa / la directora de empresa
el físico / la física
el ingeniero / la ingeniera
el juez / la juez (the feminine form *jueza* is also used)
el médico general / la médica general
el periodista / la periodista
el psicólogo / la psicóloga
el técnico / la técnica
el trabajador social / la trabajadora social

Buscando trabajo

la empresa
la compañía
el currículum vitae / el historial personal (SpAm) /
la hoja de vida (SpAm) / el currículo (SpAm)
la solicitud de empleo
la preselección
la entrevista de trabajo
la experiencia laboral
el horario de trabajo
el sueldo mensual
el salario mensual
(estar) en paro

HISPANOAMÉRICA

Uso de 'ustedes' en el imperativo

En el imperativo negativo, lo mismo que en el imperativo afirmativo, en Hispanoamérica se usa la forma de 'ustedes' donde en España se usa la forma de 'vosotros', e.g. ¡niños, no se tomen esa agua!

'¡Que aproveche!

En algunas regiones de Hispanoamérica se dice *¡Buen provecho!* o *¡Que te aproveche!* en lugar de *¡Que aproveche!* También se usa *¡Que la pases bien!* en lugar de *¡Que lo pases bien!*

Uso de 'habían', 'hayan', etc.

En Hispanoamérica, en las frases impersonales con 'haber', es muy común utilizar la forma en plural ('habían', 'hayan', etc.), en concordancia con el complemento directo, como en las frases 'habían muchos estudiantes' y 'espero que no hayan guerras'. Este uso también se presenta en algunas regiones de España, aunque allí se considera un uso incorrecto.

Currículum vitae

Aunque 'currículum vitae' también se usa en Hispanoméricca, allí también es común usar las expresiones 'hoja de vida', 'historial personal' y 'currículo'.

Clave

Unidad 1

Actividad 1.1

1 (a) Era un poema de amor.

(b) Lo que sorprendió a Isabel es que era un poema escrito por Carlos para ella cuando eran novios.

(c) Lo que Isabel sospecha es que Carlos tiene una amante.

2 (a) La narradora dice: '*Ha pasado un día*'.

(b) No: '*Carlos ha tenido una mala noche. Su mujer no le ha dirigido la palabra desde el día anterior*'.

(c) 'But Carlos doesn't give up', or 'But Carlos tries again'.

3 Here is a possible assessment of the dramatic tension of this episode though there is room for subjective interpretation. The object of the exercise was to give you a focus for the listening and to enhance your awareness of these often powerful non-linguistic signs.

a 3

b 3

c 3

d 2

e 1

f 2/3

g 1

h 1/2

i 2

4 Here are the correct answers. You may have expressed them differently.

(a) Isabel lo acusa de que tiene una amante.

(b) Carlos está muy sorprendido, porque no es verdad.

(c) El causante de todo es Zacarías.

(d) Zacarías aclara todo e Isabel comprende que estaba equivocada.

(e) El poema de Zacarías trata de una lechuga, una pechuga y una rosa.

Actividad 1.2

1 (a) ¡Toma el poema, tuyo es!

(b) ¡Isabel, abre la puerta!

(c) ¡Confiesa la verdad!

(d) ¡Recuerda que estás embarazada!

(e) Recita tu poema, papá.

If you need to check particular irregular and radical changing verbs you can find a list of them in your Spanish Grammar, pages 302-19, and tables on pages 253-302.

2 (a) *cuéntame*: tell me

(b) *confiésalo*: admit it, confess (it), own up

(c) *dáselo*: give it to her/him

(d) *déjame*: leave me alone

(e) *hazme el favor*: please

3 Here are some possible answers:

(a) ¿Has hecho las maletas? ¿No? Pues hazlas.

(b) ¿Han leído el artículo? Léanlo para mañana.

(c) ¿Has felicitado a Lourdes por su cumpleaños? Pues felicítala antes de irnos. Ahí viene.

(d) ¿Ha escrito al señor Martínez? ¿Que no? Pues escríbale, por favor.

(e) ¿Habéis terminado la partida de ajedrez? Venga, terminadla ya.

4 (a) The infinitives are:

callarse; calmarse; quedarse.

(b) These are all pronominal verbs. See your Spanish Grammar, pages 66-69, for revision of this type of verb.

Actividad 1.4

1 Other examples are:

No sigas mintiendo.

No me tortures más con tus mentiras.

No digas una palabra más.

No me sigas.

No os vayáis a enfadar conmigo.

No digas eso, mi vida.

No digas nada.

¡No os riáis!

3

Infinitivo	Presente (yo)	Imperativo negativo (Ud.)
tener	**teng**o	no **teng**a
decir	**dig**o	no **dig**a
pensar	p**ie**nso	no p**ie**nse
salir	s**alg**o	no s**alg**a
dormir	d**ue**rmo	no d**ue**rma
reírse	me r**í**o	no se r**í**a
hacer	ha**g**o	no ha**ga**

Actividad 1.5

1 files *archivos*

to steal *robar*

to bear false witness *levantar falsos testimonios*

to pry into *husmear en*

to harm *dañar*

2 Note that you would have used the form *tú* to address a friend. If you did not, do the exercise again before looking at the following answers.

1 No uses

2 No interfieras (interferir: radical changing verb -e- → -ie-)

3 No husmees

4 No uses

5 No uses

6 No utilices (utilizar: *note spelling change* -za → -ce)

7 No utilices

8 No te apropies (apropiarse: *pronominal verb*)

9 Piensa (pensar: *radical changing verb* – -e- → -ie-)

10 Usa

Actividad 1.6

1 (a) Una madre habla de su hija Julia. La situación que se describe es cuando la madre quiere que Julia se lave las manos.

(b) La primera vez: 'Julia, vamos a lavarnos las manos.'

y también: 'Como tienes las manos sucias, tenemos que lavarnos las manos, ¿no?'

La segunda vez: 'Venga, Julia, vamos a lavarnos las manos, por favor.'

La tercera vez: '¡Julia! ¡A lavar las manos!'

2 She could have said '*¡Lávate las manos!*'. Note that *lavarse* is a pronominal verb (reflexive). You would have had to restore the pronoun in the imperative.

Actividad 1.7

2 cortés polite

cortesía politeness

grosero rude

melindroso fussy

bravo angry

franqueza frankness

salvajemente savagely

3 (a) Todos los españoles parecen hallarse en estado permanente de mal genio.

(b) Sus costumbres de cortesía y conducta social difieren muchísimo de las americanas.

(c) Las normas de cortesía del *sudaca* cortejan la ambigüedad y la profusión.

(d) Los *sudacas* están acostumbrados a una alta dosis de hipocresía blanca en sus relaciones sociales. Su lenguaje es indirecto, a veces sutilmente irónico.

(e) El español, en cambio, está acostumbrado a una franqueza casi brutal.

(f) Pero [...] hay que decir que los españoles se parecen mucho a los de América.

Actividad 1.8

1 The following expressions and words are mentioned to describe Spanish American and Spanish people:

Hispanoamericanos: tímido e introvertido, ambigüedad y profusión; hipocresía blanca; lenguaje indirecto y sutilmente irónico; carácter tímido e introvertido; cordialidad bullanguera; les gustan las juergas.

Españoles: parecen siempre de mal genio; secos; francos; gritones; impúdicos; nada tímidos; franqueza casi brutal; respuestas salvajemente sinceras; sequedad; franqueza; capacidad para susurrar a gritos; deliciosa impudicia; inexistente timidez; les gustan las juergas.

2 Did you remember to use the expressions for comparison that you have learned *(más... que; menos... que; tan... como)* and the expressions for contrast *(mientras que...; por el contrario...; sin embargo..., etc.)*?

Actividad 1.9

1 For example: *rapidez, limpieza, cortesía, profesionalidad.*

2 (a) Here is a possible answer:

En la cocina la comunicación es directa: se preguntan las cosas directamente y la respuesta es corta y concisa. Vemos que se usa el imperativo para pedir las cosas ('*Pues pasadlos*'). Ni siquiera el uso de 'por favor' es esencial. Sin embargo, en las situaciones de cara al público (en un restaurante, por ejemplo), hay que cuidar mucho cómo se trata al cliente. Hay que utilizar un lenguaje cortés y educado.

(b) The main ideas are in bold. You may have expressed them differently.

Según el señor Delgado el profesional de la hostelería debe mostrar **amabilidad** y **simpatía**, y debe **cubrir las necesidades del cliente**.

3 The sentences that appear in the video clip are: (b), (c), (e), (f), (j).

Actividad 1.10

2 There are many possibilities. Here are a few examples:

(a) ¿Me podría dar dos sellos para Alemania?

(b) ¿Le importaría darme la receta de la paella de marisco?

(c) ¿Me podría llenar el depósito de gasolina?

(d) ¿Sería tan amable de decirme cómo se va a Jujuy?

(e) ¿Me enseñas las fotos de tus vacaciones?

(f) ¿Me abres la puerta (, por favor)?
Note: Remember that the use of *por favor* is not as common as that of 'please' in English, so it would not be odd to omit it in this situation.

Actividad 1.11

1 saber moverse bien

elegancia

saber hacer

alegría

dominar el trabajo

2 (a) (iv)

(b) (i)

(c) (v)

(d) (ii)

(e) (iii)

3 Interpretation of body language can be very subjective. Here is a possible answer:

Esta chica da la impresión de ser una buena profesional. Transmite amabilidad, pero controlada; se ve que también guarda las distancias. Cuando se relaciona con sus clientes muestra claramente que quiere ayudar, pero no imponerse. Muestra una actitud servicial pero no servil. Su porte comunica cierto orgullo y dignidad. Viste con sencillez pero con elegancia, lo que muestra que sabe controlar su imagen. No da la impresión de estar nerviosa o a disgusto; en todo momento comunica que sabe lo que hace y cómo hacerlo.

Actividad 1.12

1 This was a warm-up exercise. The text in the following step of the activity expands on the theme.

2

	Los del norte	Los del sur
Uso de las manos	pocos movimientos	mayor uso de las manos
Contacto físico	reacios al contacto físico, intentan evitarlo	favorables al contacto físico
Imagen que dan	rígidos, inmóviles; no se comprometen emocionalmente	abiertos, efusivos y expresivos; vigor, compromiso emocional

3 Here is a possible answer:

Las gentes del norte **dan la impresión de** ser rígidos e inmóviles/ **dan impresión de** rigidez e inmovilidad. **Lo que transmiten / comunican es** retracción, **dan la sensación de** no querer comprometerse. Las gentes de los países meridionales **se comportan de una manera** más abierta, más efusiva y más expresiva. **Transmiten (una sensación de)** vigor y compromiso emocional.

Esto puede ser así, pero también es verdad que las personas meridionales pueden **dar una imagen** muy agresiva. Cuando están discutiendo **parece que** van a sacar el cuchillo y se van a matar. También **dan una impresión** muy grande de falta de control / **dan la impresión de** controlar mal sus emociones. Por otro lado, **se ve que** son muy cariñosos y **dan la impresión de** no avergonzarse de mostrar sus sentimientos.

Actividad 1.13

1 What follows is a brief explanation of the gestures and how they can be used. Remember that gestures – even more than spoken language – can only be interpreted in context.

(a) – (i) The context for this would be when somebody is referring to a person who is really skinny and says: '*Está así*', at the same time as s/he makes the gesture. To indicate option (iii) the index finger is used (hand outwards).

(b) – (ii) This is a common gesture to refer to money in great quantities, specifically that something is very dear or that somebody has paid a great deal of money for something. In a conversation it can be used as a reply without any verbal exchange, e.g. one person says '*¡Vaya coche más elegante que tiene Juan!*' and the other makes the gesture to show that s/he has heard that it cost a fortune. Or, in the case of a couple looking at some furniture, one says: '*Me gusta la mesa de roble, ¿qué te parece?*', and after looking at the price the partner turns round and makes the gesture, meaning: 'It costs an arm and a leg, we can't afford it'.

(c) – (iii) This gesture is very common to indicate that somebody is a skinflint or a real miser. One might say: '*María es como esto*' and show the clenched fist at the same time. An open hand, in contrast, indicates generosity. Somebody saying '*¿María? María te da todo... ¡y más!*' would probably have both hands wide open, facing upwards.

Note: If you chose (i), it is true that in clear contexts a closed fist can show an aggressive or threatening attitude towards somebody, but this meaning is not as common as in other cultures.

(d) – (ii) This gesture traditionally means 'zero' (in the sense of 'absolutely none at all'). Through North American influence it is also occasionally understood as 'Okay', but this is not standard.

(e) – (iii) Very common throughout the Spanish-speaking world.

(f) – (i) Be careful with this one. Making this gesture to somebody (especially to a man) can get you into a fight. It is probably the most offensive gesture in the Hispanic world.

Unidad 2

Actividad 2.1

1 **Descripción física / Apariencia:** guapo, -pa • moreno, -na • limpio, -ia • elegante • atractivo, -va • esbelto, -ta • rubio, -ia • fuerte • viril.

Carácter / Manera de ser: amable • humilde • inteligente • cariñoso, -sa • tierno, -na • sincero, -ra • activo, -va • sociable • educado, -da • elegante • atractivo, -va • independiente • sensible • diplomático, -ca • fuerte • divertido, -da • culto, -ta • abierto, -ta • apasionado, -da.

4 These are the adjectives that Don Pedro uses: *guapas, inteligentes, limpias*.

Actividad 2.2

(a) Para Teresa.

(b) Antonio.

(c) Para Ignacio.

(d) A Cristina.

(e) Para José.

2 These are the verbs that you should have underlined:

Antonio: *sea*; *le encante*

José: *sea*

Teresa: *sea*

Ignacio: *sea*

Cristina: *sea; tenga; le guste*

3 (a) A la de 'usted'.

(b) La primera y la tercera persona del singular.

(c) No.

Actividad 2.3

1

	ser	tener
yo	que sea	que tenga
tú	que seas	que tengas
él/ella/Ud.	que sea	que tenga
nosotros, -as	que seamos	que tengamos
vosotros, -as	que seáis	que tengáis
ellos/ellas/Uds.	que sean	que tengan

Actividad 2.4

2 This is what Don Pedro says:

- la apariencia: que sea guapa, que se cuide de ella, que sea elegante.
- la personalidad: que sea buena mujer (como su madre), una mujer de casa, humilde, bien hablada, señora de verdad, educada, un poco inteligente.
- los hijos: que se preocupe por los hijos.
- el marido: que cuide al marido.
- la casa: que cuide la casa.

Actividad 2.5

2 (a) Ser madre y esposa.

(b) Que no querían una pareja como su padre y que querían ser independientes, es decir, trabajar para poder mantenerse ellas.

(c) Había una gran discriminación contra las mujeres.

(d) Una mayor igualdad entre los sexos, o también, conseguir una independencia económica.

(e) Que sea un compañero, un amigo, un amante; que comparta los mismos intereses y aficiones.

(f) Que si están con una pareja es porque les gusta en muchos sentidos.

Actividad 2.6

2 (a) guste

(b) sea aficionado a

(c) tenga

(d) comparta / tenga

(e) sea

3 Here is a possible answer:

Soy conductora de autobús en Ibi y tengo 41 años. Soy de mediana estatura, ni gorda ni delgada. Tengo ojos verdes, pelo rubio y llevo gafas. Soy una persona jovial con un buen sentido del humor.

Me encantan los deportes al aire libre y la natación. Soy aficionada a jugar al tenis, al senderismo y a la vela. Los fines de semana me gusta salir de excursión. También me gusta la vida nocturna y salir a tomar una caña con mis amigos.

Quiero una persona que sea abierta, efusiva y que tenga entre 40 y 50 años de edad. Me gustan las personas sencillas, sinceras y sin complicaciones. Me gustaría encontrar una persona también aficionada a las actividades al aire libre, especialmente andar. Quiero una persona que me acompañe en mis excursiones de fin de semana.

Si estás interesado, escríbeme al Apartado de Correos 43, Ibi (Alicante).

Actividad 2.7

1 Mayor grado de disgusto: odio, detesto, no soporto, me irrita.

Menor grado de disgusto: no me gusta, me disgusta, me molesta.

2 Possible answers:

Ignacio: Odio que fume tanto (como una chimenea) y que no ayude en la cocina / que deje los platos sin lavar / que lea el periódico durante el desayuno.

Begoña: Me irrita que cante en la ducha y que hable por teléfono con sus amigos constantemente.

4 (a) 2

(b) 4

(c) 1

(d) 5

(e) 3

5

	Le gusta...	No le gusta...
Primera mujer	que sea simpático. que se abra a los demás.	que sea mentiroso.
Segunda mujer	————	que se quede callado cuando está enfadado.
Tercera mujer	que sea sincero. que le respete. que sea moreno. que sea un poco dulce. que sea normal / él mismo.	que sea engreído. que se crea superior. que le mire por encima del hombro.
Cuarta mujer	que sea muy sincero, cariñoso, sensible. que le diga siempre la verdad. que tenga iniciativa. que sea fuerte.	que sea machista. que piense que él es ‘el hombre de la casa.’

Actividad 2.9

3 **se sienta**: sentirse – a radical changing verb –e → ie– and also pronominal –se.

distinga: distinguir – note spelling change to preserve the sound [g] –guir → –ga.

se acuerde: acordarse – a radical changing verb –o– → –ue– and also pronominal –se.

vuelva: volver – a radical changing verb –o– → –ue–.

4 The missing verbs are:

(a) se convierta
(b) pruebe
(c) apruebe
(d) se divierta
(e) vuelva
(f) prefiera
(g) recomiende
(h) se esfuerce
(i) muestre

Actividad 2.10

1/2

características del personal	✓ con educación / preparación; dinámicas, divertidas
disciplina	Not mentioned
ubicación de la guardería	✓cerca de casa / trabajo
tipo de comida	✓sana; no dulces; no bebidas gaseosas
horario	Not mentioned
características del local	✓amplio; con jardín; juegos de interior y al aire libre

Actividad 2.11

1 (a) ¡Que duermas bien!

(b) ¡Que te diviertas! / ¡Que disfrutes! / ¡Que lo/la pases bien!

(c) ¡Que te mejores!

(d) ¡Que te vaya bien! / ¡Que tengas suerte!

(e) ¡Que aproveche! / ¡Buen provecho!

Actividad 2.12

2 (a) segunda mujer

(b) tercera mujer

(c) primera mujer

Actividad 2.13

2

(a)	que se encuentre una cura para el cáncer	
(b)	que el país vaya a mejor	✓... 3
(c)	que la Unión Europea funcione	✓... 1
(d)	que haya menos materialismo	✓... 2
(e)	que se reduzca la contaminación atmosférica	
(f)	que se encuentre una cura para el sida	✓... 1
(g)	que no haya guerra	✓... 1
(h)	que se viva la vida con más calma	✓... 1
(i)	que se aprenda a proteger la naturaleza	

3 These are the ideas mentioned:

Primera mujer: dignidad hacia la persona para generar trabajo, riqueza y bienestar espiritual y material.

Segunda mujer: paz, unidad y tolerancia.

4 Here is a possible answer:

Las mujeres peruanas y las mexicanas mencionan aspectos que hacen referencia a fuertes problemas de base (una real democracia, dignidad hacia la persona, paz, tolerancia, la unidad del país, salir de una situación de caos económico, recuperar valores...), mientras que las respuestas de los españoles en general son reflexiones más filosóficas o solidarias que aparecen cuando los problemas más acuciantes de un país están solucionados (que no haya guerras en el mundo), que evolucionemos a niveles menos materialistas…). También se mencionan algunos temas concretos (la Unión Europea, el sida).

Actividad 2.14

2 Other phrases:

Yo espero que sea pronto…

Espero que esto se realice…

Mis expectativas son que (en este país) haya una real democracia…

Yo creo que… que no haya guerra…

Las aspiraciones que yo tengo es que evolucione…

Las aspiraciones para mi país es que vayamos a mejor…

Que se mantenga la dignidad hacia la persona…

Los peruanos tenemos muchas esperanzas de que se logre la paz…

Actividad 2.15

1 The following could be considered key words in each paragraph:

- pobreza (2)
- problemas sociales (3)
- hijos desaparecidos, renunciar a la infancia (4)
- leer y escribir (5)
- mamá, trabajo (6)
- hermanos chinos, indios, negros (7)
- bosque y animal (8)
- sin haber comido (9)
- promesas de nuestros dirigentes; decir lo que se quiera; oportunidades (10)
- aire; diversidad cultural; orgullo de ser americanos; (no) tender la mano para pedir: tenderla para ayudar (11)

2 (a) párrafo 6: mi mamá… trabajo igual que mi papá.

(b) párrafo 5: leer y escribir.

(c) párrafo 4: niños forzados a renunciar a su infancia para tener que alimentarse.

(d) párrafo 10: donde se pueda decir lo que se quiera y se pueda escribir lo que no se quiera.

(e) párrafo 9: la población se va a la cama sin haber comido.

(f) párrafo 11: tender la mano para tener que pedir.

(g) párrafo 8: bosque… animal… parte de nuestras vidas y nosotros de las de ellos; párrafo 11: sigamos obsequiándole el aire al mundo.

3 (a) quizá: tal vez

(b) ofrecimientos: promesas

(c) obtener: conseguir

(d) cuidemos: protejamos

(e) se acuesta: se va a la cama

(f) obligados: forzados

(g) con hambre: sin haber comido

(h) esté alfabetizado: pueda leer y escribir

4 The construction that is repeated is: ***(Quiero) una América* + *donde* + present subjunctive**, e.g. … donde yo pueda, … donde no haya, … donde no exista.

5 Here are two possible answers:

Quiero un país donde los niños reciban educación bilingüe desde los cuatro años.

Sueño con una Europa donde se trabaje cuatro días por semana.

Actividad 2.16

1 (c) más trabajo y libertad

(d) más niños en las calles

(e) sin prejuicios

(f) recobre la esperanza

(g) con banderas

(h) la unidad latinoamericana

(i) para siempre la paz

2 Possible answers:

La juventud no tiene esperanza en el futuro.

La gente no tiene trabajo.

No hay mucha libertad.

Hay niños sin hogar.

Hay mucha división en Latinoamérica.

3 *Ojalá* is followed by a verb in the present subjunctive.

Unidad 3

Actividad 3.1

2 El artículo trata de las diferencias en el tipo de carreras que eligen los chicos y las chicas y las consecuencias de esto.

3

	preferencias	lo que odian
Elena	Letras puras, Arte, psicóloga, periodista	Ciencias; ingeniero naval o físico
Julio	Ciencias; ingeniero naval o aeronáutico	asistente social, psiquiatra o auxiliar de puericultura

4 (a) En la escuela.

(b) Las chicas comienzan a abandonar las áreas de la ciencia y la técnica.

(c) Chicas: Ciencias sociales. Las favoritas son: Psicología, abogado, juez, auxiliar de puericultura, asistente social.

Chicos: rama científico-técnica, especialmente las Ingenierías.

(d) Para las propias mujeres: no tienen posibilidad de influir en las decisiones que afectan a su vida.

Para la sociedad: tiene que renunciar a los posibles talentos del 50% de sus miembros.

Actividad 3.2

1 A possible answer could start like this:

En mi país las tendencias son similares/ diferentes a España. Las carreras favoritas para chicos y chicas son similares en mi país, pero la gran diferencia es que las mujeres no consideran 'detestables' todas las carreras técnicas, mientras que en España parece que sí. Yo creo que esas carreras son bastante populares entre las mujeres de mi país, sin duda más populares que en España. Muchas mujeres las consideran 'interesantes'…

Actividad 3.3

1 Javier: Periodismo, Psicología, Informática.

Alicia: Una ingeniería: Naval (y Aeronáutica) o de Telecomunicaciones.

No saben seguro lo que van a estudiar, están hablando de posibilidades.

3 Javier: Periodismo parece ser la más probable. Psicología es una posibilidad. Le gusta, pero hay mucha demanda y las salidas laborables son muy difíciles. Informática no es probable porque el COU lo ha hecho por Letras.

Alicia: Lo que es seguro es que hará una Ingeniería. Ingeniería de telecomunicaciones parece ser más fácil para entrar porque Ingeniería Naval tiene pocas plazas. Esto reduce su nivel de probabilidad, pero si las notas de los exámenes son buenas, ésa es su primera opción.

Actividad 3.5

3

	Primera actividad mencionada	Trabajo ideal u objetivo a largo plazo
Estudiante 1	Hacer prácticas en la clínica de unos conocidos.	Encontrar trabajo.
Estudiante 2	No menciona actividad laboral.	Ídem. Sólo menciona que le gustaría casarse.
Estudiante 3	Trabajar de lo que sea.	Ser abogada.
Estudiante 4	Encontrar trabajo donde sea.	Ser abogada.
Estudiante 5	Un trabajo muy relacionado con lo que ha estudiado.	Buscar algo que se aproxime lo más posible a lo que ha estudiado.

4 (a) Los ánimos están bajos. Tienen claro que encontrar trabajo es dificilísimo, sobre todo si uno quiere trabajar en algo relacionado con sus estudios.

(b) No, no está nada claro, porque tendrán que coger cualquier trabajo, no necesariamente lo que ellos desean.

5 You have probably underlined:

- **Quizás**, cuando acabe, pueda ir…[…] y más adelante, pues **probablemente** pueda encontrar trabajo.
- **Quizás** me case, o **quizás no**, pero **me gustaría***.
- En principio tengo las expectativas de trabajar de lo que he estudiado, pero **posiblemente** no encuentre trabajo […] y, ¡pues **no sé!*** […] pero **seguramente** buscaré principalmente en lo mío… **Me gustaría*** ser abogada.
- … **Probablemente** […] me costará mucho encontrar trabajo […] pero **intentaré*** encontrar trabajo donde sea. […] **Intentaré*** todos los medios posibles...
- Pues **probablemente** trate de buscar… […] Y si no, **que es lo más probable**, pues buscar vías alternativas […] y **quizás** por ahí encontraríamos algo.

*Note: Apart from the structures directly expressing possibility and probability, there are other expressions that in this context reinforce the idea of uncertainty: *¡No sé!; Me gustaría ser abogada*, rather than *Seré abogada*. Equally, some of the students say they will try to find a job related to their studies (*intentaré*), which also expresses lack of certainty.

Actividad 3.6

1 Here are some possible answers:

En el nuevo milenio…

(a) … seguramente se podrá viajar a Marte fácilmente.

(b) … es probable que no comamos comida fresca, sino tabletas.

(c) … es posible que los niños tengan animales domésticos virtuales o robots pero no es probable que esto ocurra en el Reino Unido.

(d) … probablemente vivamos en ciudades enormes y de aspecto futurístico.

(e) … seguro que habrá una medicina para el sida.

(f) … no es muy probable que tengamos relaciones sociales estrechas extraterrestres.

2 Did you use the structures shown in the **Atando Cabos**?

Actividad 3.7

1 The tense that follows *cuando* is the present subjunctive.

2 (a) Cuando mejore mi español podré viajar a Paraguay.

(b) Cuando terminen de leer el libro comprenderán la visión del autor.

(c) Cuando visites la catedral verás el cuadro de Murillo.

(d) Cuando acabemos la carrera tendremos problemas para encontrar trabajo.

(e) Cuando se acaben las guerras los hombres podrán vivir en paz.

(f) Cuando salga del trabajo pasaré a buscarte.

3 Possible plans:

Cuando mis hijos crezcan voy a aprender a volar.

Cuando cobre mi jubilación tengo planeado dar la vuelta al mundo.

Pienso tener un perro cuando encuentre un trabajo más cerca de casa.

Cuando herede de la tía Brígida me compraré un Jaguar.

Actividad 3.8

1 (a) Pintoforma: gestor con formación en Ciencias Económicas o Empresariales.
Payma: ingeniero de Telecomunicaciones.
Empresa de componentes de automóvil: 2 vendedores.
Empresa de Cosmética: delegado comercial.

(b) Free choice, but the requirements for each post are to be found in the following places:

Pintoforma: *formación de Económicas o Empresariales.*
Payma: information under the heading *'Requerimos'.*
Empresa de componentes de automóvil: information under the heading *'Requisitos'.*
Empresa de cosmética: information under *'Se requiere'.*

(c) Free answer. Possible answers are: *A mí me interesaría el trabajo de Pintoforma* or *Yo estaría interesado en el trabajo de Payma Comunicaciones.*

(d) Pintoforma: detailed CV.
Payma: CV.
Empresa de componentes de automóvil: CV.
Empresa de cosmética: CV and recent photograph.

3 Here is a model answer:

Director

Buscamos una persona que tenga dotes de líder y que conozca bien el mercado internacional en el sector del automóvil. El conocimiento del inglés es esencial.

Actividad 3.9

1 These are the details you should include in your own message: *nombre (deletreado), dirección, código postal, número de teléfono, referencia del trabajo que quiere solicitar.*

2 Here is a model answer:

Mi nombre es Peter Newton: Peter: pe-e-te-e-erre; Newton: ene-e-uve doble -te-o-ene. Alameda de Recalde 17, 48009 Bilbao. Teléfono: 94 416 20 14. Referencia del trabajo: 97117. Gracias.

Actividad 3.10

1 (a) Analista de sistemas.

(b) Licenciatura en Ingeniería de Telecomunicaciones.

(c) Desde 1990 ha trabajado en diversas compañías. Tiene experiencia en programación y análisis de sistemas. Experiencia en entornos PC y mainframe. También tiene experiencia en puestos de responsabilidad.

(d) Lo que dice en la carta es que está interesada en trabajar en el sector financiero.

2

	Puesto y responsabilidad	Periodo de empleo
En Soluciones Reales	diseñar programas para varios bancos locales	————————
En Telefónica Argentina: (a) Departamento de Procesamiento de datos (b) En Rosario	(a) analista de sistemas (b) jefa de analistas de sistemas y analista en un proyecto de diseño.	(a) dos años (1992-94) (b) desde 1994 hasta hoy

Perfil de la persona que buscan	Una persona que tenga una actitud seria y positiva. Alguien que tenga gran entusiamo y nuevas ideas. Debe saber inglés.
Descripción del puesto	Como parte del equipo de informáticos de la compañía. El trabajo consiste en ayudar a analizar las necesidades informáticas de los diferentes departamentos de la compañía.
Salario	3.000 pesos al mes (sueldo bruto), más una bonificación anual de acuerdo al rendimiento de la compañía, más el aguinaldo de Navidad.
Horario de trabajo	De lunes a viernes, de 9 a 5, horario corrido.

Actividad 3.12

1 Here is a possible answer:

Un trabajo que pague mucho, que tenga buen ambiente, que ofrezca buenas oportunidades de capacitación, que sea relajado, que suponga un reto todos los días, que tenga las oficinas en un parque verde, que me dé un coche para mi uso personal, que me permita trabajar en casa, que me permita viajar, etc.

Unidad 4

Actividad 4.1

3 These are examples of what you could have said. Read the notes after each answer. Note that the expression of request itself has been inserted into what could be an authentic Spanish sentence.

Note: In the example given, you are addressing your sister and the context of the conversation is clear, so you request directly what you need to know and use *tú*.

(a) **Usted:** Vale, voy. Quítame la sartén del fuego.

You are talking to your partner so you would most likely be direct and to the point. The fact that somebody is waiting on the phone reinforces this. You may have said *por favor*, but it would not be necessary in this situation.

(b) **Usted:** Doña María, soy Teresa. ¿Me abre la puerta, por favor? Se me han olvidado las llaves.

Remember that Doña María is an elderly lady, so you should have used *usted*. You could have said '*Ábrame la puerta, por favor*', since you know this person well, but you would really try to sound polite and apologetic as you are bothering her.

(c) **Usted:** Mamá, ábreme, soy yo. *Or*: Soy yo, ¿me abres?

In this case you would use *tú*. No formality is needed and this is a normal occurrence anyway, so the exchange is short and to the point.

(d) **Usted:** Venga, ponte el pijama. *Or:* Vamos, ¡a poner el pijama!

You would use a direct request or order.

(e) **Usted:** Perdone, ¿me podría pasar la pimienta? *Or (if you don't know the person well, or if they are elderly, or do not appear to be very helpful)*: Perdone, ¿sería tan amable de pasarme la pimienta?

If in doubt, use *usted*. You would never use the imperative in this situation, even if the atmosphere is quite relaxed. You don't know the person next to you, so you need a polite formula here.

Actividad 4.2

1 Here is a possible answer:

Rosarito Zacarías, por última vez, ¡cuénteme cuál es el problema!

Zacarías ¡Usted tiene un amante, Rosarito! ¿Cómo ha podido hacerme eso?

Rosarito ¿Un amante?… ¿Yo? ¿Está usted loco?

Zacarías Sí, ese Saturnino, o como se llame.

Rosarito ¿Saturnino? ¿Quién es Saturnino?

Zacarías ¡No se haga la tonta, Rosarito!

Rosarito No me hago la tonta. Yo no conozco a ningún Saturnino.

Zacarías Es mejor que diga la verdad. Sea valiente y confiéselo.

Rosarito ¡Yo no conozco a ningún Saturnino! ¡Ni tengo ningún amante! Ésta es la única verdad.

Zacarías Mire, Rosarito, no siga mintiendo, porque es lo que más me irrita.

Rosarito ¡Le juro, Zacarías, que no sé de qué está hablando!

Zacarías ¡Qué ingenuo he sido! Yo pensaba que usted era una mujer honesta. ¡Y resulta que me está engañando! No se lo perdonaré nunca, ¡nunca!

Rosarito Zacarías, está llevando esto muy lejos. Le vuelvo a jurar que no tengo ningún amante. Yo sólo le quiero a usted.

Zacarías ¡Cállese! ¡No me torture más con sus mentiras!

Rosarito Por favor, cálmese. Recuerde... el corazón.

Zacarías ¡Confiese la verdad, Rosarito, y no diga una palabra más! ¡Le exijo la verdad!

Rosarito Pero, ¿qué verdad? ¡Esto es absurdo! No hay más verdad que la que le he dicho. ¿De qué verdad me habla?

Zacarías ¡De ésta!

Actividad 4.3

Text a: (1) quiera; (2) guste; (3) juegue; (4) sean; (5) sean; (6) sepan; (7) sea; (8) tengamos.

Text b: (1) sienta; (2) se muestre; (3) respete; (4) defienda; (5) tenga; (6) sepa; (7) quieras.

Text c: (1) esté; (2) guste; (3) se convierta; (4) tolere; (5) llegue; (6) sea; (7) hable.

2 Here is a model reply to letter (c):

Estimada desconocida

He leído su carta con mucho interés. Creo que podemos encajar muy bien. Su personalidad y sus gustos parecen coincidir mucho con los míos. Ahora le hablaré un poco de mí mismo:

Mi nombre es Zacarías. Tengo 70 años y vivo con mi hijo y su familia en Madrid. Soy viudo desde hace 10 años. Nunca tuve muchas oportunidades de viajar, ya se sabe: en nuestra generación esas cosas se dejan para la jubilación. Me gustaría recorrer Europa, y quizá América; sólo conozco México. Creo que soy un hombre tolerante y simpático, aunque mi hijo y mi nuera se quejan de que soy muy inquieto y de que siempre estoy enredando. ¡Es que me aburro! No soy ni un intelectual ni un pijo: a mí me gusta llamar a las cosas como son y me gusta que la gente sea franca y natural. En fin, me parece que somos del mismo estilo. ¿Por qué no quedamos y vemos cómo nos va? ¡No tenemos nada que perder! Puede ponerse en contacto conmigo a través de la agencia.

Reciba un cordial saludo,

Zacarías

Actividad 4.4

Here is a possible answer:

> Rosita, en primer lugar, prepara bien la entrevista e infórmate bien sobre la empresa. En cuanto a tu apariencia, cuida tu aspecto personal, pero sé tú misma. No llegues a la entrevista mucho antes de la hora – pero sé puntual. Lleva toda la información que necesites: no olvides una copia de tu currículum vitae, así como tus títulos y cartas de presentación. Acude tranquila y relajada. Escucha atentamente todo lo que se dice. Contesta las preguntas con claridad y precisión. Intenta dar una impresión de seguridad en ti misma, sinceridad y madurez.

Actividad 4.5

2 In some cases more than one combination is correct.

(a) (iii), (v)

(b) (iv), (vi)

(c) (i), (iv)

(d) (iv)

(e) (v), (iii)

(f) (ii), (iv)

3 Other ideas mentioned:

Vivir mejor de lo que hemos vivido los padres de ahora; tener trabajo; irles bien; estar más con la naturaleza; poder sentir más; más sensibles; la tecnología más a su servicio; tener una salud mental; tener fortaleza, etc.

4 Here is a model answer. Did you use the present subjunctive?

Yo espero que el siglo XXI sea menos turbulento que el siglo XX. Mi esperanza para los niños de hoy es que consigan mantener un equilibrio entre progreso y naturaleza. Creo que la aspiración de todos es que desaparezca el hambre en el mundo, y con todo corazón deseo que no haya tantas diferencias entre los seres humanos. Espero que el tercer milenio sea excitante, que se progrese en áreas clave para el bienestar humano. Mi esperanza es que las futuras generaciones sean sensatas y cuiden nuestro frágil planeta.

Actividad 4.6

Here are some possible answers. Did you remember that *ojalá* is followed by the present subjunctive? Did you remember the rules for irregular and radical changing verbs?

(a) Ojalá solucionen el problema de la violencia.

(b) Ojalá sigan adelante; Ojalá tengan éxito; Ojalá se pongan de acuerdo.

(c) Ojalá la paz sea duradera; Ojalá el resto del mundo apoye el acuerdo; Ojalá se mantenga la paz.

(d) Ojalá lo cojan pronto; Ojalá no mate a nadie.

(e) Ojalá se solucione el conflicto; Ojalá no haya más enfrentamientos.

(f) Ojalá se pongan de acuerdo; Ojalá lleguen a un acuerdo; Ojalá firmen un acuerdo pronto.

(g) Ojalá se encuentre una solución pronto; Ojalá tengan éxito.

Actividad 4.7

Probable	Posible	Poco probable
probablemente	posiblemente	no es probable que
es probable que	es posible que	
seguramente	tal vez	
seguro que	puede que	
	quizás	
	a lo mejor	

2 Did you remember to use the right verb tense after the expressions above? If you are not sure which expressions are followed by the present subjunctive or the indicative, refer to the *Resumen gramatical*, pages 82-3.

Actividad 4.8

1 (a) **tenga** (error: should be in the present subjunctive form).

(b) **ayude** (error: should be in the present subjunctive form).

(c) **tenga** (error: wrong person agreement).

(d) **sepa** (error: should be in the present subjunctive; note also that it is an irregular verb).

(e) **sea** (error: verb should be in the present subjunctive form).

(f) **domine** (two errors: wrong person agreement and should be in the present subjunctive).

(g) **llegue** (two errors: wrong person agreement and should be in the present subjunctive).

(h) **pregunte** (two errors: wrong person agreement and should be in the present subjunctive).

2 You are referring to future plans here, so the main verb must be in a future form. As for locating that particular plan in the future, the structure you have learned is *cuando* + present subjunctive.

(a) Cuando acabe este curso me apuntaré al siguiente nivel.

(b) Saldré de paseo cuando llegue a casa.

(c) Cuando sea su cumpleaños dará una gran fiesta.

(d) Tengo planeado abrir una botella de champán cuando me den los resultados de los exámenes.

Los medios de comunicación ~

The second part of this book, *Los medios de comunicación*, is divided into three *unidades*.

In the first *unidad, El periodista y su trabajo*, you will revise how to talk about daily routine as well as past and future events. You will look at extracts from the biographies of some Hispanic journalists and radio presenters and will learn vocabulary relating to the media.

The second *unidad, Las noticias y los programas*, gives you an opportunity to become acquainted with newspapers, radio and television programmes from the Spanish-speaking world. In this *unidad*, you will learn vocabulary relating to the press and will revise reading strategies. You will also practise talking about recent actions in the past.

In *Unidad 3*, *Presente, pasado y futuro de los medios*, you will look at the language of advertising, explore the history of communications and practise telling anecdotes from the past.

This part of the book revises all the work covered in the whole *En rumbo* course. For this reason, instead of having the feature *Atando cabos*, we are refreshing your memory with *El baúl de los recuerdos*. In this feature you will find summaries of the grammar and functions covered in *En rumbo* or exercises to practise them.

Unidad 1
El periodista y su trabajo

In this *unidad*, you will practise describing people and talking about jobs and routines. You will use the past tenses to talk about people's lives, will practise making future plans and learn words and expressions relating to the media.

Revision Objectives

By the end of this *unidad* you should be able to:

- Talk about daily routines;
- Describe people;
- Talk about the past;
- Make plans for the future.

Key Revision Points

Sesión 1

- Learning basic vocabulary relating to the media.
- Listening for general understanding.
- Describing people.
- Talking about daily routines.
- The conjugation of irregular verbs in the present tense.

Sesión 2

- Talking about people's lives.
- Talking about the past using different tenses.
- Expressions of time.
- Vocabulary relating to the radio and to radio programmes.

Sesión 3

- Describing processes (making a television programme).
- Making plans for the future.
- Expressions of time relating to the future.

Study chart

Activity	Timing (minutes)	Learning point	Materials
		Sesión 1 Los periodistas	
1.1	15	*Los medios de comunicación*: vocabulary relating to the media	
1.2	10	Listening for general understanding	Video
1.3	10	*¿Qué te gusta más, la radio o la televisión?*	Video
1.4	10	Manolo Román: describing people	Video
1.5	40	Talking about routines using the present tense	Spanish Grammar
1.6	15	Talking about your own life	
1.7	15	*Las cualidades de un periodista*	
1.8	20	*El atractivo del periodismo*: using modifiers	Video
		Sesión 2 Gente de radio	
1.9	40	*La biografía de un comentarista deportivo*: the preterite tense	Spanish Grammar
1.10	60	*La biografía de Maruja Sarmiento*	Activities Cassette
1.11	50	*Entrevista con un productor de la BBC*: using the imperfect and preterite tenses	Activities Cassette
		Sesión 3 La apretada agenda	
1.12	30	*Cómo se elabora una noticia*: describing processes	Video
1.13	20	*Un documental de televisión*: impersonal *se*	
1.14	30	*Las próximas entrevistas de Manolo Román*	Transcript Booklet, Video
1.15	20	Talking about future plans	

Sesión 1 Los periodistas

In this session you will become familiar with basic vocabulary relating to the media and will revise structures used to talk about daily routines.

Actividad 1.1

En esta actividad usted va a familiarizarse con el vocabulario básico de los medios de comunicación.

1 Lea los comentarios de estas seis personas y subraye el vocabulario relacionado con los medios de comunicación.

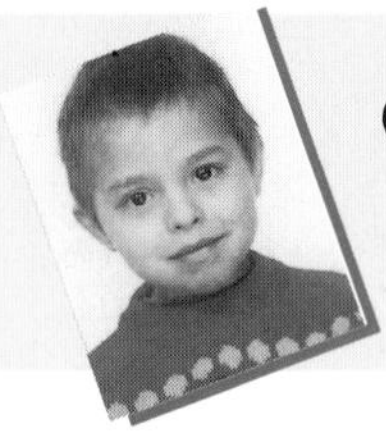

(a) "Lo que más me gusta de la tele son los dibujos animados porque me lo paso muy bien."

David, 6 años.

(b) "A mí me fastidia que interrumpan constantemente las películas y las series con anuncios."

Tomás, universitario, 22 años.

(c) "Últimamente usamos mucho la Internet en el trabajo, así que estoy pensando en comprarme un ordenador y un módem, y conectarme también en casa. Además, podría usar el correo electrónico."

Patricia, empresaria, 43 años.

(d) "Desde que tengo televisión por cable en casa, veo canales en español. Espero que me ayude a mejorar mi comprensión."

Alastair, estudiante de español, 49 años.

(e) "Me suscribí a un periódico español. Lo que encuentro más interesante es el suplemento del domingo porque hay artículos muy buenos y secciones muy variadas: cómics, viajes, cocina, moda, cultura..."

Sue, estudiante de español, 55 años.

(f) "Yo sólo escucho emisoras de FM en las que ponen música pop."

Ingrid, estudiante, 19 años.

2 Abra una sección en su Diario y anote estas palabras. Utilice, si lo desea, este modelo de clasificación:

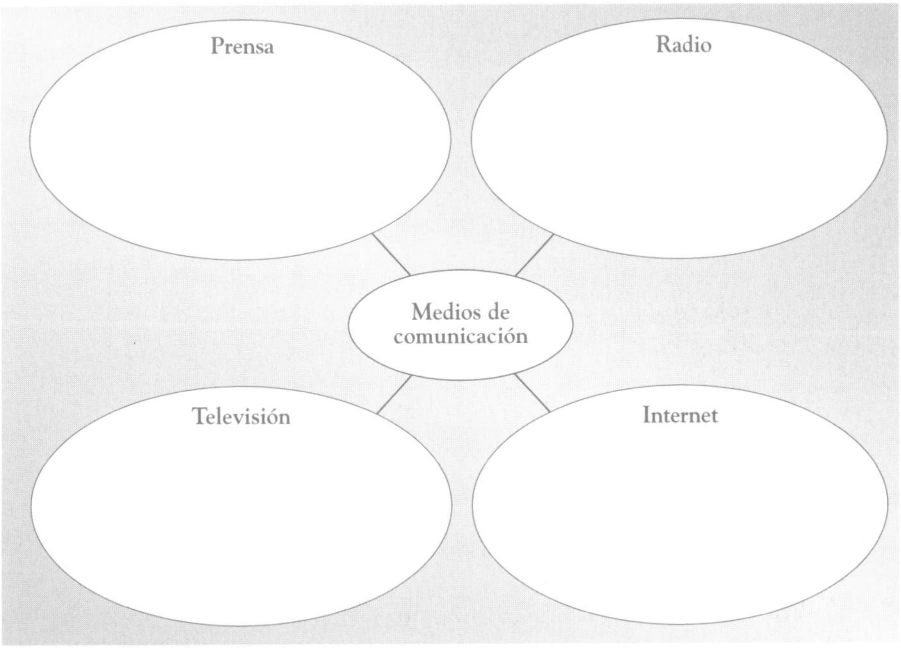

No olvide añadir palabras nuevas en esta sección a medida que vayan apareciendo en las próximas unidades.

Sabía Ud. que...

Como 'internet' es una palabra bastante reciente que viene del inglés, el uso en español no está establecido claramente. Se dice '**la** Internet' y '**el** Internet' o simplemente 'Internet' y se escribe con mayúscula o con minúscula. Hay algunas diferencias entre España e Hispanoamérica en el uso de palabras que se refieren a los medios de comunicación y a desarrollos tecnológicos. *Computer* es 'ordenador' en España y 'computador' o 'computadora' en Hispanoamérica. Allí, '**la** radio' se refiere al medio de comunicación. '**El** radio' es el aparato receptor. En España, 'la radio' se utiliza en ambos casos.

Actividad 1.2

En esta actividad usted va a ver una entrevista realizada a un periodista de televisión.

Vea la secuencia completa de vídeo (01:20:55–01:28:40) **una vez sin parar** y anote en este cuadro sólo las cosas que ha comprendido de cada una de las partes. Tome notas en inglés o en español, como prefiera.

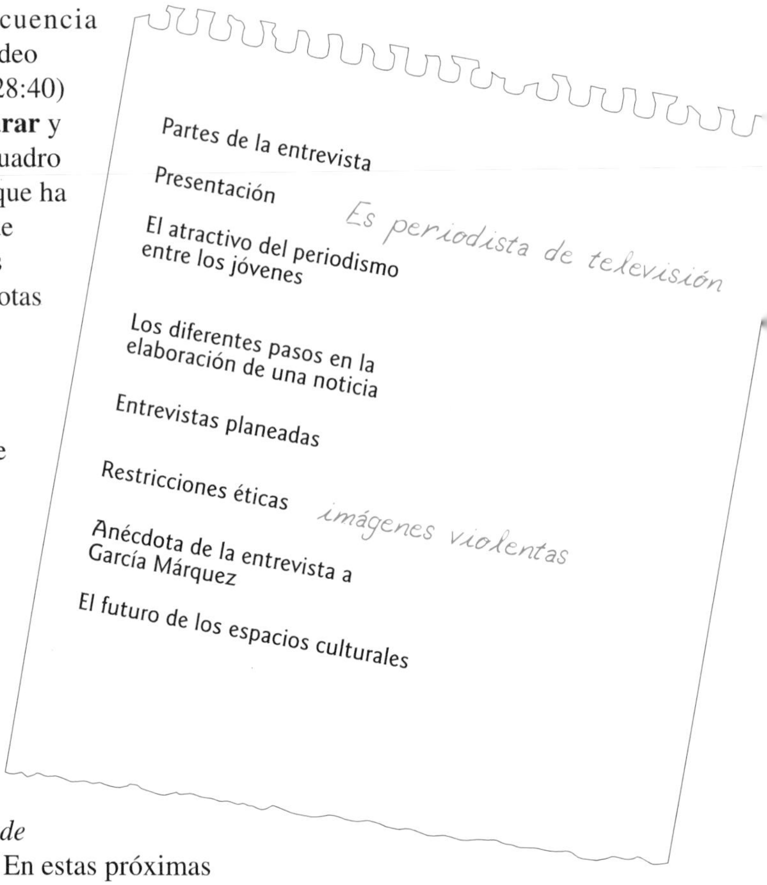
Partes de la entrevista
Presentación
Es periodista de televisión
El atractivo del periodismo entre los jóvenes
Los diferentes pasos en la elaboración de una noticia
Entrevistas planeadas
Restricciones éticas
imágenes violentas
Anécdota de la entrevista a García Márquez
El futuro de los espacios culturales

No se preocupe si no entiende todo. Este ejercicio no es ningún test, sino una manera de comprobar su aprendizaje a lo largo de *Los medios de comunicación*. En estas próximas unidades trabajará esta entrevista por partes y podrá mejorar su comprensión. Una buena estrategia para ayudarle a entender secuencias de vídeo o extractos de audio de larga duración es verlos o escucharlos una vez sin parar para familiarizarse con su contenido. Al final de *Los medios de comunicación* volverá a hacer esta actividad. Estamos seguros que su comprensión habrá mejorado.

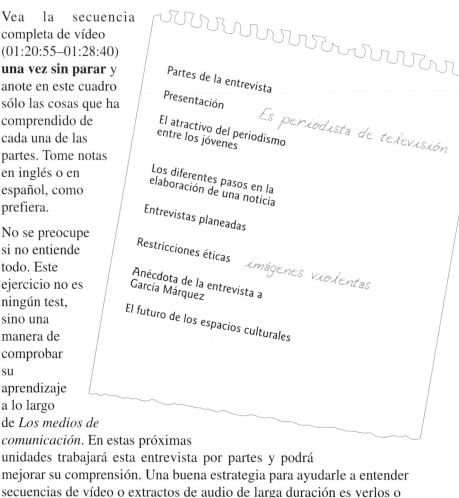

Actividad 1.3

Ahora usted va a ver la siguiente secuencia de vídeo, en la que varios entrevistados hablan de sus preferencias sobre la radio y la televisión.

1 Conteste por escrito estas preguntas:

- ¿Qué le gusta a usted más, la radio o la televisión?
- ¿Por qué?

2 Vea la secuencia de vídeo (01:28:40–01:29:47) y rellene la tabla en la página siguiente:

(a) Primero vea la secuencia y anote qué les gusta más.

(b) Vea la secuencia de nuevo y anote el porqué.

	Radio o televisión	¿Por qué?
Persona 1		
Persona 2		
Persona 3		
Persona 4		

Actividad 1.4

1 Vea la secuencia de vídeo (01:20:55–01:21:22). Después rellene la siguiente ficha:

Nombre: ______________________
Apellido: ______________________
Programa: ______________________
Sección: ______________________

2 ¿Recuerda cómo describir físicamente a personas? Imagine que usted está en una fiesta con una amiga que quiere saber quién es Manolo Román. Intente describirle el periodista a su amiga.

Sí, hombre, Manolo Román es aquél que está en aquel grupito charlando. Es .... Tiene .... Lleva ....

Actividad 1.5

En esta actividad usted va a leer un texto sobre una antigua colega de Manolo Román, María Jesús Martín, que es corresponsal en Caracas.

1 Lea la información sobre la vida diaria de María Jesús, y complete los espacios con verbos en el presente de indicativo. Siga los siguientes pasos:

(a) Primero lea el texto entero. Intente rellenar todos los espacios que pueda ayudándose del contexto. No mire los verbos que aparecen en el recuadro en la página siguiente.

(b) Mire el recuadro para completar los espacios que le faltan y corrija o confirme los que ya ha completado. Fíjese que puede haber más de una posibilidad en algunos espacios, y que algunos verbos aparecen más de una vez.

Los días laborables ..me levanto.. generalmente a eso de las 7.00 de la mañana. ...... y ...... un café antes de salir para el trabajo. El tráfico en Caracas está muy mal, así que ...... aproximadamente una hora en llegar al trabajo. ...... a trabajar a las 9.00, y ...... hasta la 1.30 ó 2.00. ...... con los colegas en el comedor de Televisión Venezolana, pero a veces no ...... tiempo para comer y simplemente me ...... una hallaca. En mi trabajo tengo que hacer muchas cosas: ...... llamadas por teléfono para organizar entrevistas, ... con el

una hallaca
corn meal dish from Venezuela

computador (SpAm)
ordenador (Sp)

equipo de informativos, ... en el computador la noticia, etc. ...... de trabajar a las 8.00 y después ...... a casa.

El fin de semana lo ...... con la familia: mi esposo y mis dos hijos. Los sábados todos juntos ...... al supermercado del barrio y ...... las compras. Luego ...... fuera, en algún bar o restaurante. De vez en cuando ...... al cine todos juntos, cuando ponen películas para niños. Los domingos por la noche ...... temprano, a eso de las 10.30 o las 11.00 de la noche, porque el lunes tengo que levantarme muy temprano.

acostarse, almorzar, comer, demorarse, ducharse, empezar, escribir, hacer, ir, levantarse, pasar, reunirse, tener, terminar, tomarse, trabajar, volver

El baúl de los recuerdos

The present indicative of irregular verbs

Éste es un repaso del presente de indicativo de los verbos irregulares. Rellene el recuadro. Consulte la tabla de verbos en el libro de gramática (páginas 254–319) si lo cree necesario.

G

Infinitive	First person singular	Second person singular	First person plural	Type of irregularity
	conozco			
convencer				first person singular irregular 'c' ➔ 'z' before 'o'
		construyes		
			dormimos	
		haces		
ir				
			pedimos	
		pones		first person singular irregular
	protejo			
querer				
			reunimos	
	salgo			
ser				completely irregular
tener				first person singular irregular; 'e'➔ 'ie' for 2nd and 3rd persons singular and 3rd person plural
			traemos	
		vences		
	vengo			

Actividad 1.6

Ahora describa oralmente su vida diaria o si lo prefiere, la de un familiar o amigo. Si lo desea, puede grabarse.

Comente lo que hace:

- por la mañana
- por la tarde
- por la noche, antes y después de cenar
- el fin de semana

Actividad 1.7

Esta actividad trata de las cualidades profesionales de los periodistas.

1 Estos dibujos representan a diferentes profesionales de la información. Relacione cada dibujo con su profesión correspondiente.

(i)

(ii)

(iii)

(iv)

(v)

(vi)

Ejemplo

(a) corresponsal de guerra: dibujo (iv)

(a) corresponsal de guerra

(b) comentarista deportivo

(c) redactor de un periódico

(d) presentador de noticias

(e) locutor de radio

(f) reportero gráfico

2 A continuación se describen las cualidades de las profesiones anteriores, pero en cada descripción hay una cualidad que no es coherente con la profesión. Cámbiela por otra más apropiada.

Ejemplo

El corresponsal de guerra tiene que viajar mucho a zonas de conflicto y hablar diferentes idiomas. Tiene que ser ~~miedoso~~ *valiente* y dinámico.

(a) Un presentador de noticias de televisión debe tener buena voz y buena presencia. También tiene que ser elocuente, aventurero y agradable.

(b) Los mejores reporteros gráficos son profesionales que son, sobre todo, fotogénicos. Tienen que ser capaces de captar la esencia de la noticia en una imagen.

(c) Un buen redactor debe estar al día de la actualidad. Tiene que saber escribir con corrección, tener un vocabulario muy amplio. Tiene que ser desordenado y claro en sus artículos.

(d) Los locutores de radio deben tener facilidad de palabra y ser extrovertidos. Tienen que saber improvisar, especialmente cuando se trata de programas en directo y también deben ser bastante atractivos.

3 Lea nuevamente las descripciones. ¿Qué verbos se usan para expresar obligación o necesidad?

4 Ahora escriba en dos frases cuáles cree que son las cualidades esenciales de un comentarista deportivo.

Actividad 1.8

En esta actividad usted verá una secuencia de vídeo en la que Manolo Román explica cuáles son los atractivos del periodismo televisivo para los jóvenes.

1 Antes de ver el vídeo conteste brevemente por escrito estas preguntas:

(a) ¿Por qué cree usted que la gente se dedica al periodismo?

(b) ¿Qué tipo de periodismo le parece más interesante: el televisivo, el radiofónico o la prensa escrita?

2 Lea las siguientes frases. Luego vea la secuencia de vídeo (01:21:22–01:21:53) e indique con un visto (✓) las que menciona Manolo Román.

(a) Trabajar en televisión está bien considerado socialmente. ❑

(b) Los periodistas de televisión ganan mucho dinero. ❑

(c) Los jóvenes piensan que es una profesión bastante romántica. ❑

(d) El periodismo en televisión es una profesión durísima. ❑

(e) Los jóvenes no tienen demasiadas oportunidades de acceder a la televisión porque es una profesión muy competitiva. ❑

(f) A los jóvenes les atrae la fama que la televisión les pueda dar. ❑

(g) Manolo Román piensa que los jóvenes idealizan el mundo de la televisión. ❑

(h) En televisión hay oportunidades de conocer gente famosa. ❑

3 Subraye en las frases del paso 2 las palabras que sirven para matizar la intensidad de los adjetivos y sustantivos.

Ejemplo

Los periodistas de televisión ganan <u>mucho</u> dinero.

El baúl de los recuerdos

Modifiers

You can modify the intensity of adjectives and nouns as follows:

bastante muy demasiado	+	*adjective*
mucho(s), -cha(s) bastante(s) demasiado(s), -da(s)	+	*noun*

Superlative adjectives

The ending '-ísimo(s), -ma(s)' can be added to an adjective to intensify its meaning. If the adjective ends in a vowel, the vowel is dropped and the ending '-ísimo, -ma' is added. If the adjective ends in a consonant, '-ísimo, -ma' is added: *alto* ➔ *altísimo*, *fácil* ➔ *facilísimo*. To form the plural of a superlative adjective, simply add 's': *facilísimos*, *altísimos*.

Sesión 2 Gente de radio

In this session you will learn about radio journalists. You will find out about the highlights of their careers and revise the preterite and imperfect tenses to talk about their past experiences.

Actividad 1.9

En esta actividad usted leerá un texto sobre José María García, uno de los locutores más populares de la radio española.

1 Lea el texto en la página siguiente y ponga las palabras del recuadro en las categorías correspondientes de la tabla que aparece a continuación.

Ejemplo

Radio España es una emisora de radio.

Emisora / cadena de radio	Canal de televisión	Periódico / revista

Cadena Cope, *Pueblo*, Antena 3, Onda Cero, TVE, Cadena Ser, Radio España

2 En este resumen esquemático de la vida de José María García algunas fechas están equivocadas. Lea el texto de nuevo y rectifíquelas.

1944	Nació.
1963	Comenzó su carrera profesional como reportero en *Quién cantó las cuarenta*.
1966	Publicó su primer trabajo en el periódico *Pueblo*. Trabajó en un programa de televisión con Pedro Ruiz.
1972	Empezó a trabajar en la emisora de la Cadena Ser.
1984	Abandonó la Cadena Ser. Firmó un contrato con Antena 3.
1986	Recibió el premio 'La Manzana de Oro'.
1992	Dejó de trabajar en Antena 3.
1995	Renovó su contrato con la Cope.
1997	Ocupó el puesto de consejero en el Consejo de Administración de la Cope.

José María García Pérez nació en Madrid en noviembre de 1944, aunque se siente asturiano de corazón.

Estudió en el colegio Maravillas pasando luego a Los Sagrados Corazones. Esos años de colegio quedaron marcados por el deporte, puesto que sus compañeros de equipo ya obedecían sus orientaciones en el terreno de juego, y por el periodismo, ya que luchaba por colocar sus colaboraciones en *Perseverancia,* la revista del colegio.

Comenzó su carrera profesional en 1963 como reportero del programa *Quién cantó las cuarenta* que dirigía Bobby Deglané, en Radio España, al que considera uno de sus maestros y del que aprendió todos los secretos de la radio. [...] Un año más tarde publicó su primer trabajo en el diario *Pueblo,* a las órdenes de Emilio Romero y más tarde hizo un espacio en TVE con Pedro Ruiz. José María García destacó en ambos medios por sus exclusivas y su estilo característico. Basta recordar su crónica titulada *La Plaza de las tres culturas,* sobre los incidentes ocurridos en Méjico poco antes de iniciarse los Juegos Olímpicos de 1968.

En 1972 se incorporó a la Cadena Ser para hacerse cargo del espacio *Hora 25* con el que alcanzó el primer puesto en el 'ranking' de la audiencia radiofónica. [...] Diez años después decidió abandonar esta emisora para dirigir y presentar *Supergarcía en la Hora Cero,* en la recién inaugurada emisora de radio Antena 3 y coordinar toda la programación deportiva.

El 23 de julio de 1992 José María García abandonó Antena 3. Tras su salida de esta emisora y, después de varias negociaciones con Onda Cero y la Cadena Cope, decidió firmar un contrato de dos años con la Cope, a la que se trasladó con la mayor parte de su equipo para dirigir el espacio *Supergarcía* y la programación deportiva.

José María García ha batido todos los récords de publicidad y audiencia y ha sido galardonado con múltiples premios, entre los que destacan, el 'Ondas 1981', ocho años después 'La Manzana de Oro' y en el año 1994 la 'Antena de Oro' por su labor al frente de la programación deportiva de la Cadena Cope. En este último año decidió renovar su contrato por tres años más con la Cope y en mayo de 1997 pasó a ser consejero en el Consejo de Administración de la Cadena Cope.

(Texto adaptado de Cadena Cope, http://www.cope.es/cadena/garcia.htm)

3 En el texto se utilizan diferentes expresiones de tiempo para enlazar las fechas y así evitar la repetición monótona de los años. Lea el texto otra vez y escriba en su Diario estas expresiones. Añada también otras que usted conozca.

Ejemplo

un año más tarde

4 El tiempo verbal que se utiliza para hablar de la trayectoria vital y profesional de José María García es el pretérito (*preterite*). Revise nuevamente el texto y haga una lista de los verbos en pretérito que aparecen (en total, 17). Añada también sus infinitivos. ¡Cuidado! Los verbos que no están en pretérito no nos interesan en este momento.

Ejemplo

nació → nacer

El baúl de los recuerdos

The preterite tense

Complete las formas del pretérito que faltan. Consulte el libro de gramática (pág. 239–319) si lo necesita.

Regular verbs

	-ar hablar	-er / -ir beber	vivir
yo		bebí	
tú	habl**aste**		
él, ella; Ud.			viv**ió**
nosotros, -as		beb**imos**	
vosotros, -as	habl**asteis**		
ellos, ellas; Uds.			viv**ieron**

For verbs ending in a vowel + '-er' or '-ir', like *caer* (to fall), the third person endings are '-yó' (*él, ella, usted cayó*) and '-yeron' (*ellos, ellas, ustedes cayeron*).

Radical changing verbs

	e, -ir pedir	o, -ir dormir
yo		
tú		
él, ella; Ud.	pidió	
nosotros, -as		
vosotros, -as		
ellos, ellas; Uds.		durmieron

Irregular verbs

	raíz		terminaciones	
estar			—	—
hacer	hic-			yo
poder			-iste	tú
poner		+		él, ella; Ud.
querer	quis-		-imos	nosotros, -as
saber				vosotros, -as
tener				ellos, ellas; Uds.
venir			—	—

Remember that 'c' changes to 'z' before 'o': *yo hice* but *él, ella, usted hizo*.

'Ser' and 'ir'

	ser / ir
yo	
tú	
él, ella; Ud.	
nosotros, -as	
vosotros, -as	fuisteis
ellos, ellas; Uds.	

Actividad 1.10

1 Mire estos dibujos con algunas escenas de la vida de la periodista Maruja Sarmiento.

1943 Maruja Sarmiento nace en Sevilla

1961 Empieza periodismo en la universidad

1961–1965 Estudia periodismo en Madrid

1965 Se licencia

Empieza a trabajar para TVE como corresponsal

Noviembre de 1965 Viaja a Asia

Conoce a James (periodista escocés)

Enero de 1966 Va a EEUU

Hace un Máster en medios de comunicación

1966–1967 Vive en EEUU

Escribe cartas a James

Visita a James en Edimburgo

Noviembre de 1967 Se casa con James

Trabaja como corresponsal en Londres

1968–1978 Vive en Londres

1976 Consigue un trabajo en la BBC

1978 Se divorcia

Vuelve a España

Crea una productora de televisión

1985 Viaja a África

Tiene un accidente de coche

Muere

2 Imagine que tiene que contar la biografía de la famosa periodista Maruja Sarmiento en un programa de radio. Básese en los dibujos del paso 1 y siga los siguientes pasos:

(a) Los verbos del paso 1 están en presente. Para practicar el pretérito, transforme los verbos en presente al pretérito. Tenga cuidado con los verbos reflexivos y los verbos irregulares.

(b) Piense en expresiones de tiempo para enlazar las fechas (por ejemplo: unos años después…).

(c) Mire los dibujos y practique cómo usar el pretérito en una biografía. Después grábese narrando la biografía de Maruja Sarmiento.

(d) Escuche el Extracto 1 en la Cinta de actividades, donde encontrará una respuesta modelo.

El baúl de los recuerdos

Consecutive actions in the past

Look at the following sentence about the life of Maruja Sarmiento and the way it is shown on the graph:

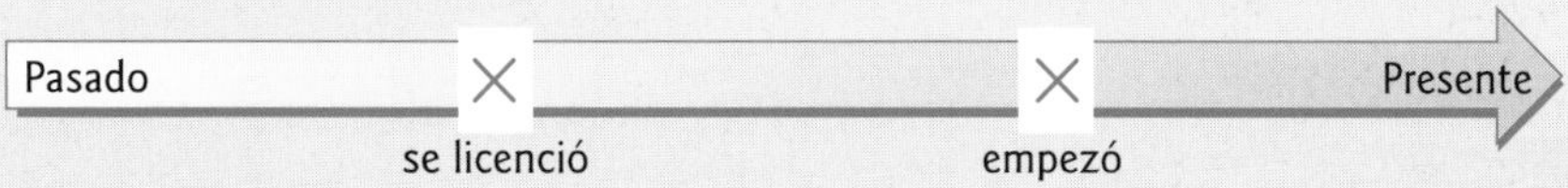

Cuando se licenció, empezó a trabajar como corresponsal en TVE.

Note that the structure *cuando* + preterite + preterite is used to express consecutive actions in the past, i.e. actions that follow one another.

3 Complete ahora estas frases sobre Maruja Sarmiento con los verbos del recuadro en el pretérito. Algunos verbos pueden repetirse.

(a) Cuando …… a Asia, …… a James.

(b) Cuando …… a EEUU, …… un Máster en medios de comunicación.

(c) Cuando …… con James, …… como corresponsal en Londres.

(d) Cuando …… , …… a España.

(e) Cuando …… a España, …… una productora de televisión.

(f) Cuando …… a África, …… un accidente de coche y …… .

casarse, conocer, crear, divorciarse, hacer, ir, morir, tener, trabajar, viajar, volver

El baúl de los recuerdos

'Cuando' + imperfect + preterite

You may also have come across the structure *cuando* + imperfect + preterite. This is used to narrate an action in the past and to describe the circumstances in which it happened:

> Manolo Román conoció a su mujer cuando estaba en un bar con sus amigos.

Actividad 1.11

En esta actividad va a escuchar una entrevista con un productor de la BBC.

1 Escuche el Extracto 2 en la Cinta de actividades. Siga estos pasos:

(a) Escuche toda la entrevista e indique con un visto (✓) cuando se mencionen los temas de la columna de la izquierda.

(b) Vuelva a escuchar la entrevista e intente completar la columna de la derecha con la información que pueda escuchar sobre cada tema. Escuche el extracto un máximo de tres veces y tome notas generales. Cuando acabe, no compruebe la Clave todavía.

Temas	✓	Sus notas
Información personal		Nombre: Javier Lizarzaburu. Lugar de trabajo: Servicio Latinoamericano de la BBC.
Su trabajo Su programa		 *Enfoque*
Programa de hoy		
Rutina diaria		Llega a la oficina entre las 8.30 y las 9.30 de la mañana. Durante la mañana, ... Por la tarde, ...
Problemas y sorpresas comunes durante la transmisión		Problemas con la línea telefónica ......
Lo que más le gusta de su trabajo		
Momentos importantes en su profesión		Concierto de Amnistía Internacional en Chile.
Cambios en su trayectoria profesional		
Planes para el futuro		

2 Escuche el Extracto 3 en la Cinta de actividades en donde se ha grabado de nuevo la parte referente a uno de los momentos más importantes en la vida profesional de Javier Lizarzaburu: el concierto de Amnistía Internacional. Seleccione la opción correcta para cada frase.

(a) Javier Lizarzaburu realizó para Amnistía Internacional:
- (i) un programa de radio ❑
- (ii) un reportaje para una revista ❑
- (iii) un vídeo ❑

(b) Amnistía Internacional organizó un concierto de música:
- (i) clásica ❑
- (ii) folclórica ❑
- (iii) rock ❑

(c) El concierto se organizó para:
- (i) celebrar el regreso a la democracia en Chile ❑
- (ii) celebrar el aniversario de Amnistía Internacional en Chile ❑
- (iii) celebrar el regreso del Che Guevara ❑

(d) El concierto fue en:
- (i) una sala de conciertos ❑
- (ii) un teatro ❑
- (iii) un estadio deportivo ❑

(e) Durante la dictadura de Pinochet este lugar había sido:
- (i) un centro de salud ❑
- (ii) un centro de tortura ❑
- (iii) un centro de rehabilitación ❑

(f) La atmósfera durante todo el concierto fue:
- (i) alegre ❑
- (ii) triste ❑
- (iii) conmovedora ❑

¿Sabía Ud. que...?

La BBC retransmite desde Londres su *Servicio Latinoamericano*, vía satélite, a toda América Latina y ofrece a los radioyentes programación diaria en español. Este servicio forma parte de BBC World Service y lleva operando en América Latina desde hace más de sesenta años. La programación del *Servicio Latinoamericano* está formada por noticias (con boletines internacionales cada hora), reportajes y análisis, además de documentales variados y series especiales.

El baúl de los recuerdos

Talking about the past: imperfect and preterite tenses

Fíjese en estas dos frases mencionadas por Javier Lizarzaburu en su entrevista:

1 Amnistía Internacional organizó uno de sus conciertos de rock en Chile...

2 La atmósfera [...] estaba cargada de una energía [...] que era muy conmovedora.

¿Qué frase se refiere a...

(a) una **descripción** en el pasado?

(b) una **acción** en el pasado?

Remember:

- The imperfect tense is used for descriptions in the past: *estaba, era*.
- The preterite refers to an action or particular event in the past: *organizó*.

Remember that the imperfect can also be used for ongoing or habitual actions in the past:

Todos los días iba a la BBC.

Sesión 3 La apretada agenda

In this session you will learn about the process of making a television programme and will also have a look at journalists' diaries to find out how they organize their schedules.

Actividad 1.12

En esta actividad usted conocerá el proceso para elaborar una noticia de televisión.

1 Los siguientes pasos para elaborar una noticia están desordenados. Ordénelos.

(a) desplazarse con el equipo de filmación

(b) editar

(c) enterarse de una noticia

(d) escribir el texto de la noticia

(e) filmar

(f) maquillarse

(g) preparar el equipo para la filmación

(h) valorar si la noticia tiene interés

2 Observe las siguientes fotos que están desordenadas. Vea la secuencia de vídeo (01:21:54–01:23:27), en la que Manolo Román explica los pasos para elaborar una noticia cultural y ordene las fotografías.

(a)

(e)

(b)

(f)

(c)

(g)

(d)

3 Vea la secuencia de nuevo y, para cada foto, escriba una frase que describa el proceso que se representa.

Ejemplo

Manolo Román edita la noticia.

El baúl de los recuerdos

Describing processes: impersonal 'se' and connectors

Remember that the following structure can be used in Spanish to talk about processes:

se + third person (singular or plural) of present indicative.

Ejemplos

Se valora si la noticia tiene interés.

Se valoran las noticias.

Note that reflexive verbs cannot be used in the impersonal form. In the sentence *Manolo Román se reúne con el jefe de Telediario, se reúne* is reflexive (*reunirse*), not impersonal.

Also remember that some words can be used to connect the different stages of a process. Here are two of them. Add more connectors to the list:

primero, luego

4 Haga un resumen de la elaboración de la noticia. Lea la Clave del paso 3 y siga los siguientes pasos:

(a) Transforme las frases del paso 3 usando la forma impersonal 'se' cuando sea posible.

(b) Escriba el párrafo usando conectores como 'primero', 'luego', etc.

Actividad 1.13

En esta actividad usted explicará cómo se hace un documental de televisión.

1 Mire el esquema en la página siguiente que muestra cómo se hace un documental. Los tres pasos fundamentales del proceso son:

- la preproducción (organización del rodaje)
- la producción (filmación)
- la postproducción (edición)

2 Aquí tiene una explicación más detallada de todo el proceso, pero sin los verbos. Lea las diferentes etapas (a) a (m) para hacer un documental y siga los siguientes pasos:

(i) Busque y anote los verbos que necesita.
A veces será necesario transformar los sustantivos en verbos.

Ejemplo

desarrollo y discusión de la idea: *desarrollar / discutir la idea*

(ii) Utilice estructuras impersonales con 'se': Se desarrolla la idea.

(iii) Use conectores: 'primero' etc.

(iv) Explique oralmente todo el proceso de elaboración de un documental. Si lo desea, grábese.

borrador draft
presupuesto budget

(a) Desarrollo y discusión de la idea en la compañía productora.

(b) Elaboración del primer borrador.

(c) Aprobación del guión definitivo.

(d) Investigación del tema y de posibles lugares de filmación.

(e) Aprobación del presupuesto general.

(f) Firma del contrato con la cadena de televisión.

(g) **Preproducción:**
organización del rodaje
contratación del personal y del equipo necesario
concertación de entrevistas
obtención de permisos de filmación.

(h) **Producción:** filmación del documental.

(i) Revelado de la película.

(j) **Postproducción:** edición del documental: imagen, sonido y títulos.

(k) Distribución a las cadenas de televisión.

(l) Emisión del programa.

(m) Visión en la pantalla.

El baúl de los recuerdos

Describing processes (more impersonal expressions)

On page 125 you saw one of the impersonal expressions used to describe processes:

Se + third person present indicative:

Se valora la noticia

The following impersonal expressions can also be used to describe processes:

Hay que: Hay que valorar la noticia.

Se tiene que: Se tiene que valorar la noticia.

Second person singular: Valoras la noticia.

Actividad 1.14

En esta secuencia de vídeo Manolo Román habla sobre las entrevistas que tiene programadas con personajes famosos de la cultura española e hispanoamericana.

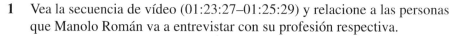

1 Vea la secuencia de vídeo (01:23:27–01:25:29) y relacione a las personas que Manolo Román va a entrevistar con su profesión respectiva.

Personajes	Profesión
Lluís Pascual	escritor, -ra
Antonio Canales	bailaor, -ra
Zoé Valdés	director, -ra de teatro

2 Vea la secuencia nuevamente o lea la transcripción e indique cuándo va a realizar estas entrevistas Manolo Román.

3 Manolo Román entrevista a Lluís Pascual y Antonio Canales, que están preparando un espectáculo flamenco sobre una obra del escritor Federico García Lorca y un cuadro del pintor Pablo Picasso. Vuelva a ver la secuencia de vídeo y tome notas de toda la información que comprenda sobre los siguientes puntos:

(a) Partes del espectáculo

(b) Contenido del espectáculo

(c) Cuánto tiempo llevan ensayando

¿Sabía Ud. que...

Federico García Lorca es el poeta español más traducido de todos los tiempos y uno de los españoles más conocidos de la historia. Nacido en Fuente Vaqueros (Granada) en 1898, cultivó, además de la poesía, el género teatral y escribió obras tan famosas como *Bodas de sangre, Yerma* y *La casa de Bernarda Alba*, que reflejan la vida en el mundo del campo andaluz. En *La casa de Bernarda Alba* se representa la historia de una madre, Bernarda Alba, que obliga a sus cinco hijas a encerrarse en su casa tras la muerte de su marido. Lorca murió asesinado por el bando fascista a principios de la Guerra Civil española, en 1936.

Pablo Ruiz Picasso (1881–1973) es la figura más representativa e influyente del arte moderno. Nació en Málaga, pero pronto se trasladó a Barcelona con su familia, y de ahí se marchó a París, en donde fijó su residencia en 1904. Picasso cultivó diferentes estilos a lo largo de su vida, pero posiblemente es el cubismo el estilo con el que comúnmente se le asocia. Una de sus obras más importantes, el *Guernica* (1937) representa el horror del bombardeo de esta localidad vasca durante la Guerra Civil española.

Actividad 1.15

En esta actividad usted practicará cómo hablar de planes futuros.

1 Un colega argentino de Manolo Román que trabaja en un programa de cine explica sus planes para las próximas tres semanas. Lea el texto en la página siguiente y complete la agenda. Hoy es miércoles.

mayo

9 do		21 vi	
10 lu		22 sa	
11 ma		23 do	
12 mi	preparar entrevista a Almodóvar	24 lu	
13 ju		25 ma	
14 vi		26 mi	
15 sa		27 ju	
16 do		28 vi	
17 lu		29 sa	
18 ma		30 do	
19 mi		31 lu	
20 ju			

2 Lea el texto nuevamente y haga una lista con las expresiones de tiempo que se usan para el futuro, por ejemplo 'esta tarde'.

3 ¿Recuerda qué formas verbales se usan para expresar planes? Vuelva a leer el texto anterior y subraye las que encuentre.

Pues el resto de esta semana, lo tengo bastante apretado. Esta tarde voy a preparar las preguntas para una entrevista a Almodóvar que filmaremos mañana. Acaba de estrenar una película y vamos a incluir la entrevista en el programa de cine que se emite en la segunda cadena la semana que viene. Así que mañana por la mañana pienso salir con el equipo técnico de filmación a entrevistarlo. Por la tarde voy a ir a ver un par de estrenos y luego probablemente hablaré con algunos actores. Pasado mañana, como es viernes, sólo trabajo por la mañana y por eso sólo voy a escribir las críticas de las películas.

Este fin de semana, por suerte, me lo tomo en plan de descanso y tengo planeado ir con la familia a la casa que tenemos en La Plata.

El próximo lunes me reuniré con el equipo de producción para terminar de perfilar el programa. Esto nos llevará casi todo el día. El martes por la mañana tenemos la grabación del programa, ya que se emite esa misma noche. La semana siguiente aún no la tengo planificada, sólo sé que tengo una entrevista con Federico Andahazi el miércoles, y cita con el dentista, creo que el día 27.

El baúl de los recuerdos

Making plans

Lea las siguientes estructuras que se usan para hacer planes:

1 The present indicative
2 *Pensar* + infinitive
3 *Ir a* + infinitive
4 The future tense
5 *Tener planeado* + infinitive

Una cada ejemplo con las estructuras anteriores:

La semana que viene entrevistaré a Zoé Valdés.
Tenemos planeada una entrevista con Tony Blair.
Pienso entrevistar a Almodóvar la semana que viene.
La entrevista es mañana a las ocho.
Va a entrevistar a Antonio Canales esta tarde.

Del dicho al hecho

Read your own diary and write a paragraph in Spanish about your plans for the coming week. Remember to use the correct structures and some of the expressions of time you have just been using.

Unidad 2
Las noticias y los programas

In this *unidad* you will familiarize yourself with the presentation of news in newspapers and on the radio, and with some television programmes. You will also analyse in detail a section of a radio programme.

Revision Objectives

By the end of this *unidad* you should be able to:

- Identify sections of a Spanish language newspaper;
- Identify different types of radio and television programmes;
- Express your opinions.

Key Revision Points

Sesión 1

- Acquiring vocabulary relating to the media.
- Expressions of permission and obligation.

Sesión 2

- Acquiring vocabulary relating to different types of radio and television programmes.
- Study skills: identifying subject matter from a short length of speech.
- The perfect tense.
- The present continuous tense.

Sesión 3

- Expanding vocabulary relating to types of radio programmes.
- Ways of expressing opinion.

Study chart

Activity	Timing (minutes)	Learning point	Materials
		Sesión 1 **Las noticias**	
2.1	30	Reading (different sections of) newspapers	
2.2	20	Listening to radio news	Activities Cassette
2.3	30	Ethical considerations in broadcasting: expressing permission and obligation; giving reasons	Video
2.4	15	*Aquí todo está prohibido*: more expressions of permission	
		Sesión 2 **Los programas**	
2.5	15	*El dial de la radio*: listening to identify a topic	Activities Cassette
2.6	15	*La programación de televisión*: scanning TV listings; revising relative pronouns	Spanish Grammar
2.7	45	Reading reports and interpreting graphs; revising the perfect tense	Spanish Grammar
2.8	25	Writing about the readership of newspapers	
2.9	10	Summarizing the plot of the Audio Drama using the present continuous tense	Spanish Grammar
2.10	30	The ending of the Audio Drama	Audio Drama Cassette
		Sesión 3 **La radio de Julia**	
2.11	15	The format of the radio programme *La radio de Julia*	
2.12	45	Listening to *La radio de Julia*	Activities Cassette
2.13	15	Expressing opinions	Activities Cassette, Transcript Booklet
2.14	30	Oral practice: giving opinions	Activities Cassette, Transcript Booklet
2.15	15	*Un pobre y un rico*: a cartoon	

Sesión 1 Las noticias

This session introduces you to the world of news presented in the printed press and on the radio.

Actividad 2.1

En esta actividad usted analizará las secciones de un periódico y las noticias que incluyen.

1 Lea los siguientes titulares ((a) a (g)) y los textos breves del periódico ((i) a (vii)). Asocie cada titular con su correspondiente noticia.

(d) **El presidente visita zona afectada por inundaciones**

(a) **El Racing, única víctima de Primera en la Copa del Rey**

(b) **Un científico de EEUU dice que clonará humanos para parejas estériles**

(e) **Empresa de telecomunicaciones interesada en el arte callejero**

(g) **INESPERADA BAJA EN LAS TASAS DE INTERÉS**

(f) **INVESTIGADORES DESCUBREN PLANTA CON POTENTES PROPIEDADES ANALGÉSICAS**

(c) **La UE pide control en las fronteras comunitarias ante las oleadas de inmigrantes**

(i) Expertos en inmigración de la UE insistieron en la necesidad de reforzar los controles en las fronteras exteriores de la Unión Europea, entre otras medidas posibles para contener el flujo de inmigrantes clandestinos kurdos a Italia…

(iii) Richard Seed, un científico y hombre de negocios de Chicago, calcula que su proyecto costaría unos 300 millones de pesetas, y afirma que la clonación « es el primer paso serio en la conversión del ser humano en Dios »

(ii) La multinacional Data Fast, que despertó muchísimo resentimiento al disminuir su nómina de empleados locales en más del 60%, está tratando de recobrar su prestigio como impulsora de las artes. Para este efecto, ha decidido comprar todas las pinturas y esculturas creadas por sus exempleados y ha pedido a éstos mismos construir un mural gigantesco para sus nuevas oficinas en la Capital.

(iv)

La jornada de vuelta de los dieciseisavos de final de la Copa del Rey sólo dejó anoche una víctima de Primera, el Racing de Santander, que ganó al Osasuna. Su 2-0 no remonta el 3-0 de la ida. El Valencia tuvo que recurrir a la prórroga para pasar a octavos.

(vi)

El presidente de la nación visitó ayer la región de Chigarotá, la más afectada por las recientes inundaciones causadas por la lluvia torrencial que trajo este año el fenómeno climatérico que se ha empezado a llamar 'La Niña'. El volumen de lluvia que cayó en esta región en tres horas el pasado fin de semana fue equivalente a la precipitación de todo un año. Esto ocasionó el desbordamiento del río Catía, que arrasó con viviendas, fincas, animales, vehículos y muchas poblaciones aledañas.

(v)

Economistas y comentaristas financieros fueron sorprendidos por la baja inesperada de las tasas de interés bancario el día de ayer, cuando, por el contrario, se esperaba un incremento. La noticia recibió la bienvenida de políticos y empresarios, así como del público en general. Si este nivel se mantiene o continúa en descenso, podrá producirse un necesitado aumento de los puestos de trabajo.

(vii)

Científicos del Instituto Nacional de Investigaciones Farmacológicas, que estaban investigando la flora del flanco norte de la Sierra del Tablón, entre los ríos Mapure y Caquerétano, informaron durante una rueda de prensa que han encontrado una planta que tiene propiedades analgésicas de mucha aplicación en cirugía cardiaca. Esta planta, como el 'curare', no sólo causa somnolencia profunda, sino que también causa un relajamiento muscular.

2 A continuación tiene una lista de las secciones habituales de un periódico. Lea de nuevo los textos del paso 1 y relaciónelos con la sección apropiada.

(a) Nacional
(b) Internacional
(c) Sucesos
(d) Cultura
(e) Ciencia
(f) Economía
(g) Deportes

3 ¿Qué secciones de los periódicos le interesan más? Conteste por escrito en una frase.

Actividad 2.2

Ahora va a escuchar varias noticias de la radio.

1 Escuche en el Extracto 4 en la Cinta de actividades tres noticias de los servicios informativos de la emisora de radio Onda Cero. Seleccione entre estos temas los que corresponden a las tres noticias y mencione el orden en el que aparecen las tres noticias:

Turismo	❑	Ciencia	❑
Política	❑	Cultura	❑
Educación	❑	Economía	❑
Agricultura	❑	Deportes	❑

2 Ahora escuche el Extracto 5 en el que se ha vuelto a grabar la segunda noticia y complete por escrito la siguiente información:

(a) Zona geográfica

(b) Número de turistas este año

(c) Aumento con respecto al año anterior

(d) Procedencia de los turistas

(e) Ingresos turísticos para este año

3 Escuche el Extracto 6 y conteste oralmente las preguntas sobre la misma noticia siguiendo el estímulo.

Actividad 2.3

En esta actividad verá una secuencia de vídeo en la que Manolo Román explica qué imágenes no se pueden o no se deben mostrar en televisión.

1 Lea las siguientes afirmaciones y consulte su diccionario si hay palabras que no entiende.

(a) No se pueden mostrar imágenes de violencia infantil. ❑

(b) El único código moral que existe es el sentido común del periodista. ❑

solazarse to enjoy

(c) Hay una restricción ética que impide al periodista solazarse con la violencia. ❑

(d) No es ético mostrar imágenes de alguien a quien le cortan el cuello. ❑

(e) No hay ningún código escrito sobre lo que se puede o no se puede mostrar en televisión. ❑

malos tratos cruelty, abuse

(f) Las imágenes de malos tratos no deben aparecer explícitamente. ❑

2 Vea la secuencia de vídeo (01:25:29–01:26:27) y ponga las afirmaciones del paso 1 en el orden en que las menciona Manolo Román. La primera es (e): No hay ningún código escrito sobre lo que se puede o no se puede mostrar en televisión.

3 Y usted ¿qué imágenes cree que se deben censurar? Márquelas con un visto (✓) en el siguiente recuadro :

	Se puede(n)	No se debe(n)	Se puede(n) pero a ciertas horas
Deportes violentos (boxeo…)			
Desnudos femeninos			
Desnudos masculinos			
Actos sexuales explícitos			
Una ejecución			
Actos violentos			
Imágenes sangrientas			
Un atraco			
Un accidente de coche			
Una catástrofe			
Una operación quirúrgica			
Imágenes de personas muertas			

El baúl de los recuerdos

Expressing permission and obligation

Remember that the following impersonal structure is used for asking and expressing permission:

Se puede / no se puede + *infinitive*

The following impersonal structure is used to express obligation:

Se debe / no se debe + *infinitive*

4 Ahora escriba frases justificando su opinión sobre las imágenes polémicas del paso 3 como en el modelo:

Creo que no se deben mostrar *nunca en televisión los actos sexuales explícitos* ***porque*** *pueden herir la sensibilidad del espectador* ***/ por*** *su carácter ofensivo.*

Si quiere puede escoger entre estas razones:

herir la sensibilidad del espectador
ofender a la audiencia
provocar más violencia en la calle
mostrar la realidad de la vida
hacernos insensibles a los actos violentos
carácter destructivo
terminar con el pudor que mucha gente tiene a los desnudos

El baúl de los recuerdos

Expressing reasons

Remember that you can use the following structures to express reasons:

por + noun or infinitive

porque + verbal clause

Ejemplos

No se deben mostrar imágenes sangrientas **por su carácter violento.**

No se deben mostrar imágenes sangrientas **por ser demasiado violentas.**

No se deben mostrar imágenes sangrientas **porque son demasiado violentas**.

Actividad 2.4

En este dibujo la gente mira a los policías con aire de preocupación. Obsérvelo y haga frases sobre las cosas que no se pueden hacer en esta ciudad. Utilice las siguientes estructuras:

No se puede
+ *infinitive*

Está prohibido
+ *infinitive*

No está permitido
+ *infinitive*

Ejemplo

Está prohibido jugar a la pelota.

Sesión 2 Los programas

In this session you will practise different ways of searching for programmes on radio and television. You will also revise how to talk about the recent past using the perfect tense. Finally, you will find out the dénouement of the Audio Drama.

Actividad 2.5

En esta actividad va a simular que está buscando un programa en la radio.

1 Escuche el Extracto 7 en la Cinta de actividades que reproduce lo que se oye al buscar un programa en la radio. Imagine que quiere escuchar un programa de deportes. Escuche el extracto y con ayuda de las palabras clave, pare la cinta cuando lo encuentre. Fíjese que ésta es la estrategia que usa usted en su propia lengua cuando busca un programa.

(a) ¿Cuántas veces ha necesitado escuchar el extracto para identificarlo?

(b) ¿Qué palabras clave le han ayudado a identificarlo?

2 Aquí tiene una lista de diferentes espacios radiofónicos. Escuche otra vez el Extracto 7, identifique los diez programas que aparecen y numérelos según el orden en que los escucha. ¡Ojo! Hay dos ejemplos de programas de noticias.

(a) avance del tiempo ❑
(b) noticias ❑
(c) información económica ❑
(d) programa musical ❑
(e) magazine ❑
(f) espacio cultural ❑
(g) entrevista ❑
(h) programa informativo ❑
(i) información cinematográfica ❑
(j) debate ❑
(k) programa taurino ❑
(l) anuncio publicitario ❑
(m) avance de la programación ❑
(n) concurso ❑
(o) deportes ❑

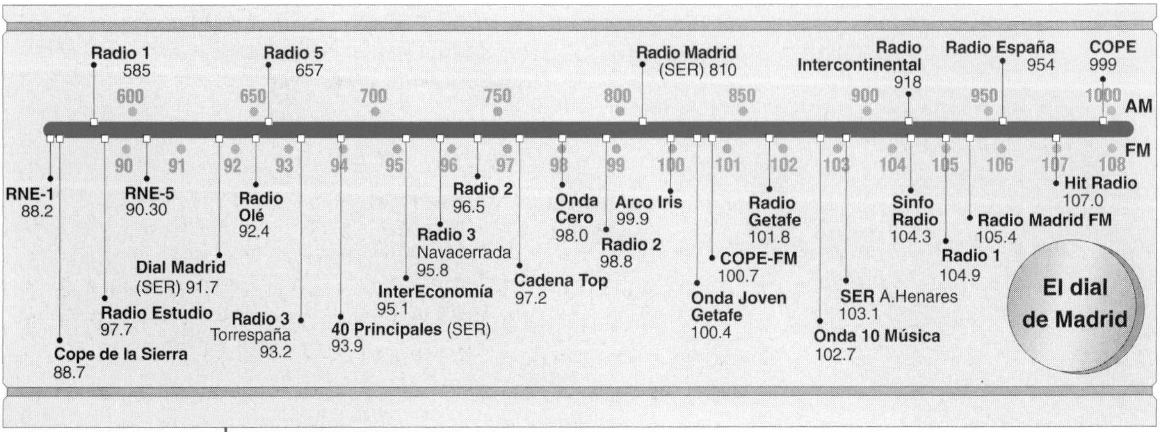

Del dicho al hecho

Listen for radio stations which broadcast in Spanish on short or medium wave, and try to find different stations every now and again. Identify the type of programme being broadcast from what you hear and note down the key words that help you to recognize it.

¿Sabía Ud. que...?

En España hay dos canales públicos de televisión: TVE 1 y La 2, y tres privados: Antena 3 TV, Tele 5 y Canal Plus. Este último es de pago y por tanto muchos de sus programas están codificados. Televisión Española (TVE) está dividida en diferentes centros territoriales que ofrecen programación regional.

También existen cadenas de televisión autonómicas como TV3 en Cataluña, Euskal Telebista en el País Vasco, TVG en Galicia y Canal 9 en la Comunidad Valenciana, que emiten su programación en catalán, vasco, gallego y valenciano respectivamente. En el resto de las Comunidades Autónomas los canales emiten en español (Canal Sur en Andalucía, TeleMadrid,...).

Tanto las televisiones estatales como algunas autonómicas emiten por satélite una programación especial para el extranjero.

En España, más recientemente, se ha incorporado la televisión digital con Canal Satélite Digital y Vía Digital con una oferta de múltiples canales y programas para todos los gustos.

En Hispanoamérica existen cadenas de televisión nacionales y regionales, y aún locales, que transmiten programas autóctonos y de interés local, o bajo licencia de compañías estadounidenses o europeas. Con frecuencia estas cadenas se unen para transmitir programas de interés general a la audiencia hispanohablante, y se venden entre sí programas, especialmente telenovelas. Las mayores productoras de telenovelas se encuentran en México, Colombia, Argentina, Perú y Venezuela.

A pesar de una vasta producción local, estas empresas están en lucha constante por los televidentes contra los canales 'gratis' que transmiten por satélites desde los Estados Unidos o Europa. La mayoría de esta transmisiones no son en español, pero atraen mucho público por los eventos deportivos que cubren.

Actividad 2.6

A continuación tiene parte de una guía de televisión de un país suramericano con una selección de los mejores programas.

1 Lea la guía de la programación (pág. 138) y anote el nombre de los canales de televisión. No necesita leer atentamente sino que se trata de una lectura rápida para obtener detalles concretos.

DOMINGO 21

11.00 CANAL 1 Cómo se filmó...
Reportaje sobre cine.

11.05 CANAL 2 OVNI.
Un nuevo episodio de la popular serie protagonizada por Jorge Bejarano y Raquel Hernández.

13.30 TELE MUNDO Amar y suspirar. Telenovela

14.30 TELE XXI Taller casero.
Consejos prácticos para el hogar.

15.30 TELE XXI Don Sátiro.
Programa satírico semanal presentado por Cándido Incrédulo.

18.00 CANAL ANDINO Todos los domingos.
Programa de variedades presentado por Julia Alegría.

19.30 TELE XXI Naturaleza iracunda.
Documental sobre las grandes catástrofes naturales que ha sufrido el planeta en los últimos años.

21.00 CANAL ANDINO Un matrimonio feliz.
Teleserie humorística protagonizada por Julio Cachón y María Bernal

21.15 CANAL 1 La juventud de hoy.
Serie sobre los jóvenes de hoy y sus experiencias.

21.45 CANAL 1 ¡Golazo!
Resumen de la jornada futbolística del día con los goles más espectaculares.

22.45 CANAL ANDINO Expediente X.
Un nuevo episodio de la serie de intriga norteamericana.

23.50 TELE MUNDO Sala de estreno. La máscara de la muerte.
Película de horror basada en una obra de Edgar Alan Poe, con un desenlace inesperado.

LUNES 22

09.30 CANAL ANDINO Bolsa de trabajos.
Ofertas de empleo.

11.30 TELE XXI Las águilas.
Otro episodio de la popular serie de acción.

12.30 CANAL 1 Así está el mundo.
Con Antonio Caballero.

14.00 TELE XXI Díselo tú.
Serie de humor.

15.40 CANAL 1 Me han contado que...
Noticias y especulaciones sobre personajes famosos, presentado por Beatriz Rodríguez y *Chismecitos.*

15.45 CANAL ANDINO Documental del lunes.
Medio ambiente y sociedad.

20.00 CANAL 2 La farándula.
Sucesos e historias sobre personajes del cine y la televisión.

20.30 TELE XXI TV límite.
Programa de imágenes espectaculares, reales y creadas con computador.

21.30 CANAL ANDINO Fútbol Internacional.
Partido de la Copa del Sur en directo.

22.00 TELE MUNDO Noticiero Tele Mundo.
Las noticias nacionales e internacionales presentadas por Mariano Caicedo.

MARTES 23

07.30 TELE XXI Club Michín.
Programa infantil con Rafael Triana y Mariana Pombo.

09.30 CANAL 1 Tele desayuno.
Conversación en vivo con un personaje de la vida política.

10.00 CANAL 2 El Club Disney.
Para los pequeños. Dibujos animados.

12.30 CANAL ANDINO Remington Steel.
Otro episodio de la popular serie norteamericana.

15.30 CANAL 1 Canal abierto.
El programa de la tarde con más audiencia. Testimonios sin censura de personas que cuentan sus experiencias.

18.00 TELE MUNDO Primicias de las seis.
Resumen noticioso.

20.00 CANAL 1 Paquita García.
Paquita, René y Arturo se enfrentan a un vendaval de pasiones que envuelve a las familias.

21.30 TELE XXI Médico de cabecera.
Consejos prácticos para vivir mejor con Antonio Galeno y Teresa Acuña.

23.00 TELE MUNDO Hasta mañana.
Resumen humorístico de las noticias del día para que duerma bien.

MIÉRCOLES 24

08.35 TELE MUNDO Los chinchilines.
Dibujos animados

09.30 CANAL 1 Buenos días.
Los titulares de los periódicos esta mañana.

10.00 CANAL 2 Los conejines.
Programa infantil.

14.00 TELE MUNDO ¡Así es la vida!
Otro episodio de la cómica serie argentina.

15.40 CANAL 1 Me han contado que...
Noticias y especulaciones sobre personajes famosos, presentado por Beatriz Rodríguez y *Chismecitos.*

15.45 TELE XXI El corazón revelador.
Temas de amor y romance presentados por Laura Bécquer y María Isaacs.

17.40 CANAL ANDINO Sólo para niños.
Programa infantil.

19.25 CANAL 2 Amor prohibido.
Miguel estaba dispuesto a confesarle a Ana su terrible secreto, pero decide abrirle su corazón a Cristina, con inesperadas consecuencias.

20.30 TELE XXI TV límite.
Programa de imágenes espectaculares, reales y creadas con computador.

21.40 CANAL ANDINO Especial.
Jorge Ramírez presentará, con mucho humor, sus predicciones para el Tercer Milenio.

JUEVES 25

11.00 CANAL ANDINO Largometraje.
Simón Bolívar.

11.30 CANAL 1 Crónica del día.
Magacín en vivo con Arnulfo Sierra.

14.00 CANAL 2 Cheers.
Otro episodio de la famosa serie cómica norteamericana.

14.30 TELE XXI ¡A toda vela!
Noticias, reportajes, documentales y tertulia con Leonor Pulido.

15.40 CANAL 1 Me han contado que...
Noticias y especulaciones sobre personajes famosos, presentado por Beatriz Rodríguez y *Chismecitos.*

16.45 CANAL ANDINO Documental del jueves.
Nuestro planeta.

17.40 CANAL ANDINO Sólo para niños.
Programa infantil.

19.15 CANAL 2 En directo.
Con Jorge Bacatá.

20.00 CANAL 1 Buenas noches, América.
La música y el folclor a través de los países latinoamericanos. En cadena con Televesa, Teleplata, Tele Central y Canal Sur.

22.40 TELE XXI Especial.
Alvaro Ortiz y Carmenza Álvarez presentan anuncios publicitarios cómicos de muchos países.

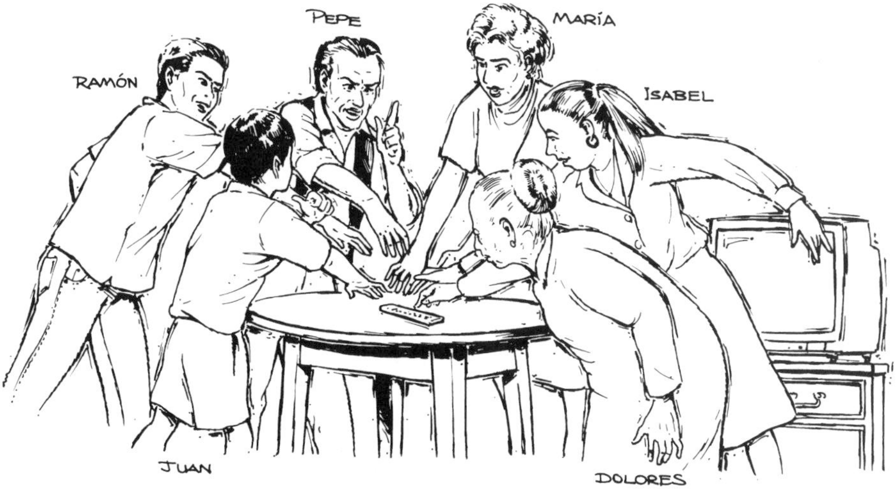

2 En la familia de la Peña hay gustos para todos. A cada miembro de la familia le gustan diferentes tipos de programas. Lea la información que aparece a continuación, vuelva a leer la guía de la programación, y anote los programas que le gustan a cada miembro de la familia.

tertulia
chat show, talk show

	Gustos	Título del programa	Día y hora
Pepe	Deporte Tertulia	¡Golazo!	
María	Noticias Magacín		lunes, ...
Dolores	Teleserie Cotilleos y reportajes	Un matrimonio feliz	...... lunes, 15.40
Isabel	Documental Película	Naturaleza iracunda	......, 19.30
Ramón	Serie de humor Serie de intriga	Cheers	
Juan	Dibujos animados Programa infantil	Los chinchilines	miércoles, 8.35

El baúl de los recuerdos

Using 'el / la / los / las / lo que'

Remember that you can use *el / la / los / las que* to refer to someone or something from a group of people or things. This is a good way of emphasizing the person or the thing you refer to.

> Me encantan las series de humor, pero **la que** más me gusta es *Cheers*.
> *... **the one** I like most is 'Cheers'.*

Lo que can only be used to refer to things or concepts with no specific reference:

> **Lo que** más me gusta es el fútbol.
> ***The thing** I like most is football.*

Note that you could also say:

> Me gustan los deportes pero **el que** más me gusta es el fútbol.
> *I like sports but **the one** I like most is football.*

G

For further reference, see the Spanish Grammar pages 124–6 and 120.

3 Lea estas frases sobre los gustos de la familia de la Peña. La información en **negrita** es errónea. Corrija las frases usando 'el que' / 'la que' / 'lo que' como en los ejemplos:

Ejemplos

María prefiere las series de humor.
No, *el que* prefiere las series de humor es *Ramón*.

A Pepe le gustan mucho **las teleseries**.
No, *lo que* le gusta a Pepe son las tertulias / es el deporte.

(a) A Juan le encantan **los cotilleos**.

(b) **Isabel** prefiere las noticias.

(c) Ramón prefiere **los deportes**.

(d) **Dolores** prefiere las películas.

(e) **Isabel** prefiere los programas infantiles.

(f) A Juan le gustan **los reportajes**.

(g) **María** prefiere los cotilleos.

Sabía Ud. que...

En España, saltar de un programa a otro en la televisión para ver qué ponen en los diferentes canales se le denomina 'zapeo' y también existe el verbo 'zapear', adaptado del inglés *zapping*.

Actividad 2.7

Los estudios de audiencia muestran el número de oyentes o televidentes de un programa.

1 Mire la gráfica y conteste por escrito las siguientes preguntas:

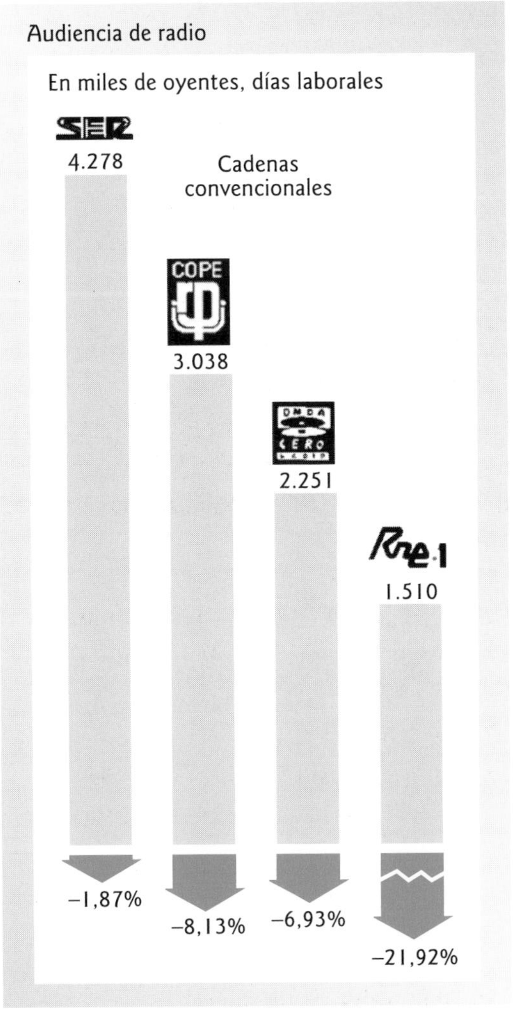

Fuente:
Estudio General de Medios

(a) ¿Quién ha realizado el estudio sobre la audiencia de radio?

(b) ¿Qué cadena es líder en audiencia?

(c) ¿Quién ocupa el segundo puesto?

(d) ¿Qué cadena es la menos escuchada?

(e) ¿Qué cadena ha perdido más audiencia?

(f) ¿Qué porcentaje ha perdido Onda Cero?

2 Ahora lea el artículo referente a la gráfica anterior.

La cadena SER refuerza su liderazgo y se distancia aún más de sus competidores.

La cadena SER ha aumentado su ventaja y se ha distanciado del resto de las radios convencionales. Así lo confirma la segunda oleada del Estudio General de Medios correspondiente al período abril-mayo de 1997, difundida ayer. La SER acumula 4.278.000 seguidores, mientras que su inmediato perseguidor, la COPE suma 3.038.000. Por su parte, Onda Cero cuenta con 2.251.000 oyentes y Radio Nacional de España, con 1.510.000. La audiencia de estas cuatro emisoras ha descendido notablemente. La SER ha perdido 80.000 oyentes respecto al primer estudio de 1997, casi la mitad que Onda Cero (156.000). La fuga de oyentes en la COPE y RNE ha sido mayor. Han disminuido en 247.000 y 331.000 oyentes respectivamente. Raúl Domingo, presidente de la Asociación Española de Radiodifusión Comercial, argumentó ayer que este descenso es 'una pérdida cíclica que se viene produciendo desde hace cinco años en el período de primavera'. En su opinión, los cambios climáticos afectan el tiempo de ocio de los ciudadanos, lo que provoca un descenso en el consumo de medios de comunicación.

(Adaptado de *El País*, 26 de junio de 1997)

3 Lea el texto de nuevo y subraye los verbos en pretérito perfecto (*perfect tense*).

El baúl de los recuerdos

The perfect tense

Complete el resumen gramatical:

- The perfect tense is formed with the present tense of ...... + past participle of the verb.
- The past participle of verbs ending in '-ar' is formed by replacing '-ar' by '-ado' (*cantar, cantado*).
- The past participle of verbs ending in '-er'/'-ir' is formed by replacing '-er'/'-ir' by '-ido' (*comer, comido, vivir, vivido*).

  Examples

  aumentar: ....: descendido   disminuir: ......

- The two parts of the tense can never be split and pronouns always go before the whole verb:

  Me he levantado pronto.

- Some verbs have irregular past participles.

Complete la siguiente tabla con los participios pasados de cada verbo:

Infinitive	Past participle	Infinitive	Past participle
abrir	abierto	ir	
cubrir		poner	
decir		romper	roto
escribir		ver	
hacer	hecho	volver	

In the perfect tense, the past participle always ends in '–o'. For more information, see pages 55–6 of the Spanish Grammar.

G

4 ¿Por qué en el artículo sobre la audiencia de radio del paso 2 se usa el pretérito perfecto y no otro tiempo del pasado? Conteste en inglés.

Actividad 2.8

A continuación tiene una gráfica similar a la de la Actividad 2.7, pero con referencia al número de lectores de los periódicos españoles. Redacte un artículo breve sobre estos datos siguiendo los pasos 1 a 4 en la página siguiente.

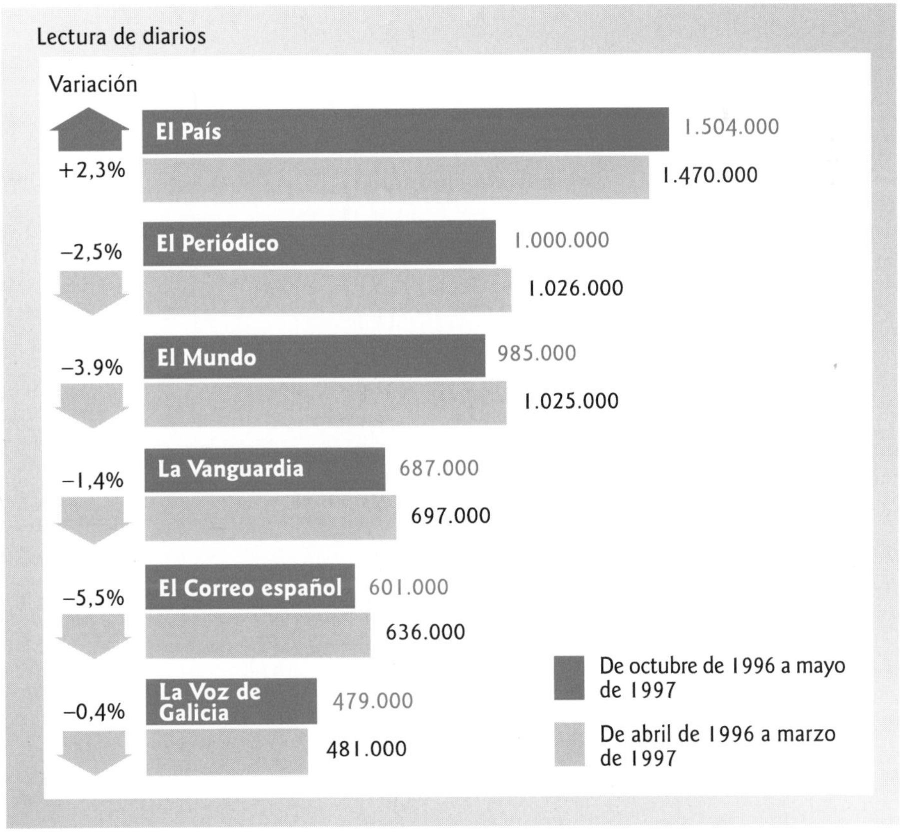

1 Estudie la gráfica.

2 Decida qué verbos va a utilizar para comentar los resultados estadísticos. Aquí tiene algunos de ellos:

aumentar, disminuir, descender, experimentar, ganar, perder

3 Puede utilizar el artículo de la Actividad 2.7 como modelo.

4 Empiece del siguiente modo:

El País **ha aumentado** un 2,3% el número de lectores...

Actividad 2.9

1 En la página siguiente tiene siete dibujos que corresponden a cada uno de los episodios del radiodrama, *Un embarazo muy embarazoso*. Indique a qué episodio se refiere cada uno.

2 Escriba ahora una frase para cada uno de estos dibujos, mencionando qué está pasando en ese momento, como en el modelo. No olvide usar el presente continuo.

Ejemplo

Dibujo (e) El abuelo **está saludando** a su hijo a su llegada a Madrid.

El baúl de los recuerdos

The present continuous tense

The present continuous tense is used to narrate actions which are happening at the moment of the utterance. It is formed with:

Present tense of *estar* + gerund of the main verb

The gerund of verbs ending in '-ar' is formed by replacing '-ar' with '-ando' (*trabajar, trabajando*). The gerund of verbs ending in '-er' or '-ir' is formed by replacing '-er' or '-ir' with '-iendo' (*comer* → *comiendo; vivir* → *viviendo*).

Note that for verbs ending in a vowel + '-er' or '-ir', the gerund is formed by adding '-yendo' (*caer* → *cayendo*).

G For more information, see pages 13–14 of the Spanish Grammar.

(a)
(b)
(c)
(d)
(e)
(g)
(g)

Actividad 2.10

1 Ahora escuchará el último episodio del radiodrama. ¿Cómo cree que va a terminar la historia? Antes de escuchar, lea estos tres posibles finales para el Episodio 8 de *Un embarazo muy embarazoso* y diga cuál cree que es el verdadero.

Hoy se marcha Don Zacarías a su pueblo. La familia le acompaña a la estación de tren para despedirlo.

(a) El abuelo entra en el tren y el resto de la familia regresa a casa. En este momento Isabel empieza a tener contracciones. La familia la lleva urgentemente al hospital donde da a luz prematuramente. Llaman por teléfono al abuelo al pueblo para comunicarle la buena noticia y discutir el nombre que van a ponerle al niño.

(b) El abuelo entra en el vagón de tren y el resto de la familia se va al bar de la estación a tomar algo. Cuando se dirigen al coche ¡descubren que el abuelo está allí! Al final no se ha marchado al pueblo, ha decidido quedarse para siempre en Madrid. En este momento Isabel empieza a sentirse mal y a tener contracciones. La familia la lleva urgentemente al hospital donde da a luz prematuramente.

(c) El abuelo sube al tren y el resto de la familia se dirige al bar de la estación a tomar un aperitivo antes de volver a casa. Cuando se dirigen al coche ¡descubren que el abuelo está allí! Al final no se ha marchado al pueblo, ha decidido quedarse para siempre en Madrid. Todos juntos regresan a casa. Al cabo de dos meses Isabel empieza a tener contracciones. La familia la lleva urgentemente al hospital donde da a luz a un niño que se llamará Zacarías.

2 Escuche ahora todo el Episodio 8 del radiodrama y decida cuál es el final correcto.

Sesión 3 La radio de Julia

In this session you will listen to a whole section of a Spanish radio programme and will analyse its content. You will also express your opinion on the programme's subject matter.

Actividad 2.11

En esta actividad va a conocer el contenido de *La radio de Julia*, un programa que dirige y presenta Julia Otero para la emisora de radio Onda Cero.

1 Lea la información con las novedades que ofrece *La radio de Julia* esta temporada.

Para esta nueva temporada, *La radio de Julia*, que aumenta su duración en una hora, amplía sus contenidos para ofrecer un menú diversificado y novedoso, pero a partir de los ingredientes que en este tiempo han ido configurando una forma singular de hacer radio: naturalidad, pluralidad, inteligencia, participación de los oyentes y la tertulia más abierta y original de la radio española: ***el Gabinete***. [...]

En la hora que esta temporada gana *La radio de Julia*, los oyentes sonreirán, a buen seguro, con un espacio joven, abierto, entretenido y dinámico. Una vez más, la participación del oyente será el eje fundamental de este espacio en el que se plantearán preguntas sencillas sobre asuntos de sobra conocidos por todos. Una hora 'informal' y desenfadada.

de sobra (conocidos) very (well known)

A las habituales secciones diarias como ***Noticias del día*** (con Félix Madero, Adolfo Fernández Oubiña y Enrique Gil Calvo); ***El vate*** (con la colaboración de Alfonso Levi); y ***El Buzón*** (con Rafael Martínez Simancas), se suma esta temporada ***España va bien***, espacio humorístico en el que se dará un conveniente repaso a las sentencias pronunciadas por cualquier protagonista de la actualidad. [...]

Además, *La radio de Julia* presenta nuevas secciones como ***Gente Corriente***, una conversación en profundidad con los protagonistas del momento que tengan alguna historia que contar. Los miércoles, los oyentes de **Onda Cero** disfrutarán, ***Fuera de Contexto***, de todo lo que nunca se sabe de los políticos, escritores y famosos. [...]

La música y el cine siguen ocupando un lugar destacado. Los ya veteranos ***Con más Tena que Gloria*** – los lunes – y el premiado ***Día del espectador*** de los jueves completan la oferta de esta temporada.

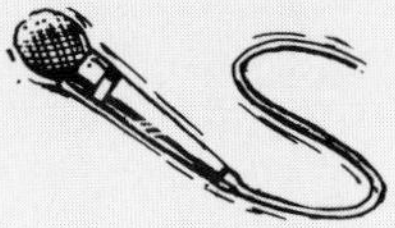

(Adaptado de la página web de Onda Cero, 1997)

2 Vuelva a leer el texto y encuentre:

(a) una sección en la que unos invitados se reúnen con Julia para hablar sobre un tema

(b) un espacio de informativos

(c) una sección de humor

(d) un espacio sobre los secretos de la gente famosa

(e) una sección sobre la actualidad cinematográfica

3 Conteste las siguientes preguntas:

(a) En este programa de radio, ¿participa solamente la presentadora Julia Otero o colaboran también otras personas?

(b) ¿Qué novedades presenta el espacio para esta temporada?

(c) ¿Cómo definiría el género o tipo al que pertenece *La radio de Julia*? Elija usted entre estas opciones:

informativo ❑
deportivo ❑
cultural ❑
magazine ❑
reportaje ❑
crónica ❑
retransmisión ❑
juvenil ❑
tertulia ❑

Actividad 2.12

En esta actividad va a escuchar un trozo del programa *La radio de Julia*.

1 En el programa se mencionan, entre otras, a estas personas:

(a) ¿Quiénes son?

(b) ¿Qué sabe usted de ellos?

(c) ¿Qué tienen en común estos personajes?

2 Escuche ahora el programa, en el Extracto 8 en la Cinta de actividades, dos veces como máximo. Escúchelo cada vez sin parar. La primera vez le podrá parecer bastante difícil. No se preocupe, ésta es una reacción normal cuando se escucha un programa de radio en otro idioma por primera vez. No intente comprenderlo todo; trate de obtener una idea general y marque con un visto (✓) la opción correcta para cada una de estas preguntas:

(a) ¿A qué sección o parte del programa pertenece este extracto?

- (i) Fuera de Contexto ❑
- (ii) El Gabinete ❑
- (iii) Noticias del día ❑

(b) En el estudio participan:

- (i) Cinco invitados ❑
- (ii) Cuatro invitados ❑
- (iii) Tres invitados ❑

(c) El tema del programa es:

- (i) Las diferencias entre los ricos y los pobres. ❑
- (ii) La generosidad de algunos multimillonarios. ❑
- (iii) El origen de las fortunas de los millonarios. ❑

Actividad 2.13

Los invitados al programa expresan su opinión sobre la pregunta de Julia Otero: *¿Por qué los ricos dan dinero?*

1 Lea las siguientes frases y compruebe que comprende su significado.

	Verdadero	Falso
(a) Uno de los invitados cree que el fenómeno de los ricos generosos es bastante reciente.	❑	❑
(b) Julia está completamente en contra de los millonarios filántropos.	❑	❑
(c) Uno de los invitados piensa que los ricos que dan dinero son personas de un gran espíritu altruista y generoso.	❑	❑
(d) Todos los invitados están de acuerdo en que los millonarios obtienen sus fortunas por métodos 'limpios'.	❑	❑
(e) Otro invitado está convencido de que los ricos generosos son gente culta, inteligente, pensadores con una gran conciencia social.	❑	❑
(f) Un invitado piensa que los ricos, en comparación, pagan menos impuestos que los pobres.	❑	❑

2 Luego escuche usted el Extracto 8 en la Cinta de actividades otra vez. Señale si las frases son verdaderas o falsas.

contertulio
person taking part in a debate / chat show

El baúl de los recuerdos

Expressing opinions

¿Recuerda las diferentes maneras de expresar opinión en español? Fíjese en algunos de los extractos del programa *La radio de Julia*. En cada uno de ellos el contertulio utiliza un verbo o expresión para expresar opinión. Intente identificar las expresiones de opinión de los párrafos y clasifíquelas según el cuadro:

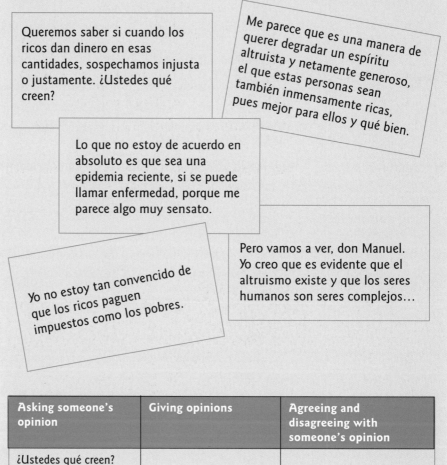

Queremos saber si cuando los ricos dan dinero en esas cantidades, sospechamos injusta o justamente. ¿Ustedes qué creen?

Me parece que es una manera de querer degradar un espíritu altruista y netamente generoso, el que estas personas sean también inmensamente ricas, pues mejor para ellos y qué bien.

Lo que no estoy de acuerdo en absoluto es que sea una epidemia reciente, si se puede llamar enfermedad, porque me parece algo muy sensato.

Yo no estoy tan convencido de que los ricos paguen impuestos como los pobres.

Pero vamos a ver, don Manuel. Yo creo que es evidente que el altruismo existe y que los seres humanos son seres complejos...

Asking someone's opinion	Giving opinions	Agreeing and disagreeing with someone's opinion
¿Ustedes qué creen?		

4 ¿Recuerda otras expresiones o verbos que pueda añadir a esta lista? Anótelas.

Actividad 2.14

1 Escuche el Extracto 9 en la Cinta de actividades y si quiere lea al mismo tiempo la transcripción. Los oyentes llaman al programa para ofrecer su opinión sobre los multimillonarios que, como George Soros o Ted Turner, han donado parte de su fortuna a obras sociales.

2 Resuma, con sus propias palabras, la opinión de estos dos oyentes y responda por escrito.

3 ¿Y usted qué opina? Imagine que usted es otro oyente que llama por teléfono a *La radio de Julia* para expresar su opinión sobre los ricos generosos. Grábese en una cinta. Le sugerimos que siga estos pasos:

(a) Anote su opinión personal al respecto.

(b) Forme frases con las expresiones de opinión que ya conoce (pienso…, creo…, estoy de acuerdo, etc.)

(c) Grábese.

Actividad 2.15

1 Mire esta viñeta de Quino y responda por escrito a las preguntas.

(a) ¿A qué se refieren los pronombres 'lo' y 'él'?

(b) Describa a los dos hombres: edad, trabajo, clase social, lugar de residencia.

(c) ¿Cuál es la actitud, la opinión del dibujante Quino? ¿Qué valora más, el estilo de vida del rico o el del pobre?

2 Lea la siguiente frase y anote si está de acuerdo con lo que dice:

> No es más rico el que más tiene sino el que menos necesita.

Unidad 3

Presente, pasado y futuro de los medios

In this *unidad* you will practise telling anecdotes in the past tense. You will also become familiar with the language of advertising. Finally, you will analyse and explore the history of human communications and will speculate on the future of the media.

Revision Objectives

By the end of this *unidad* you should be able to:

- Tell an anecdote in the past tense;
- Write an advert or publicity material;
- Talk about the past, present and future of the media.

Key Revision Points

Sesión 1

- Uses of the preterite and imperfect tenses.
- Reacting to what other people say.
- Using connectors to organize an anecdote.
- Practising the structure *cuando* + imperfect + preterite.
- Narrating stories and anecdotes.

Sesión 2

- Using and forming the imperative.
- Practising slogans and the language of advertising.
- Using conditional sentences with the indicative.
- Developing listening skills for detailed information.

Sesión 3

- Explaining the development of communications over the centuries.
- Using the preterite and imperfect tenses in combination.
- Using the future tense for predictions and the present subjunctive for wishes.

Study chart

Activity	Timing (minutes)	Learning point	Materials
		Sesión 1 ***Historias de los periodistas***	
3.1	5	*Anécdotas de los periodistas*	
3.2	10	*Una anécdota de Manolo Román*	Video
3.3	20	Reacting to what people say	Activities Cassette
3.4	40	*Leer una anécdota*	Dictionary
3.5	30	Use of past tenses	Spanish Grammar
3.6	20	*Contar una anécdota*	Activities Cassette
		Sesión 2 ***El mundo de la publicidad***	
3.7	15	Advertising and television	Video
3.8	15	Vocabulary relating to advertising	Dictionary
3.9	25	*Eslóganes:* use of the imperative	Spanish Grammar
3.10	10	Conditional sentences	Spanish Grammar
3.11	20	*Cuñas publicitarias*: listening for detail	Activities Cassette
3.12	15	Recording your own advertisement	
		Sesión 3 ***La historia de las comunicaciones***	
3.13	15	*El pasado de los medios de comunicación*	Spanish Grammar
3.14	10	Using the preterite and imperfect tenses	
3.15	15	Comparing the past with the present	
3.16	15	*El uso de la Internet*	
3.17	15	*¿Ha usado alguna vez la Internet?*	Video
3.18	30	Predictions and wishes	
3.19	10	Study skills: monitoring your progress	Video, Transcript Booklet

Sesión 1 Historias de los periodistas

In this session you will explore anecdotes in the world of the media. You will revise different structures and vocabulary for telling stories and how to react when listening to them.

Actividad 3.1

En esta actividad usted va a reflexionar sobre algunas situaciones inesperadas que pueden suceder a la gente que trabaja en los medios de comunicación cuando realiza su trabajo.

1 Lea las siguientes situaciones y relaciónelas con los dibujos.

(a) Luchar contra una mosca durante una entrevista televisiva.

(b) Recibir un pelotazo durante un partido de fútbol.

(c) Esperar ocho horas bajo la lluvia para conseguir la foto de un personaje famoso.

guión
script

(d) Olvidar el guión durante una transmisión en directo.

(e) Caerse el decorado durante un programa.

(i)

(ii)

(iii)

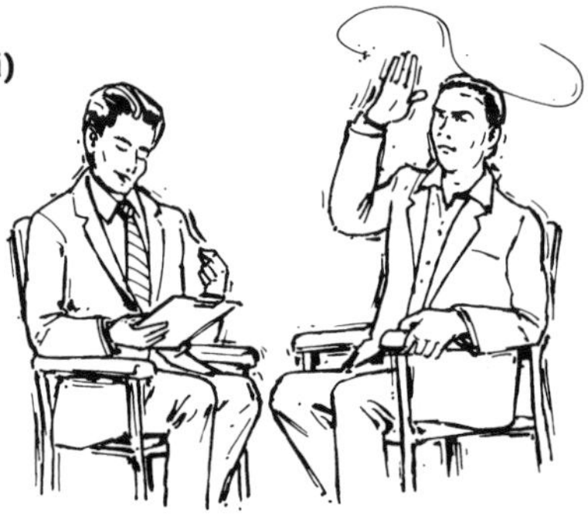

(iv)

(v)

2 ¿Se le ocurren otras situaciones inesperadas que pueden sucederle a un periodista? Escríbalas en una lista.

Actividad 3.2

En esta actividad usted va a ver una secuencia de vídeo. Manolo Román comenta una ocasión en su carrera periodística en la que se le presentó la oportunidad de entrevistar al escritor Gabriel García Márquez.

Vea la secuencia de vídeo en la que Manolo Román explica una de las cosas que más le gustan de su trabajo (01:26:27–01:27:28). Luego concéntrese en la secuencia 01:26:53–01:27:28 y numere los hechos en el orden en el que Manolo Román los menciona.

1 García Márquez fue muy amable con Manolo Román y los otros periodistas. ❑

2 Manolo Román localizó el hotel donde se alojaba García Márquez. ❑

3 Manolo Román consiguió hablar con él en el aeropuerto, antes de marcharse de regreso a Colombia. ❑

4 García Márquez se escapó en un taxi. ❑

5 García Márquez no quería dar una entrevista. ❑

Actividad 3.3

En esta actividad usted va a aprender los recursos que se emplean para contar anécdotas y a reaccionar ante ellas.

1 Ordene los siguientes diálogos para contar anécdotas. Cuando termine, compruebe sus respuestas en el Extracto 11 en la Cinta de actividades.

(a) 

– ¡Menos mal!

– ¿Sabes lo que me pasó el otro día? Resulta que estaba entrevistando al Presidente del Gobierno en televisión, y ¡se me cayeron todos los papeles al suelo!

– Afortunadamente me sabía las preguntas de memoria y pude terminar la entrevista con éxito.

– ¡Qué horror!

(b) 

– Sí, fue bastante desagradable. Al final, el moderador cortó la comunicación y dio paso a otra llamada del público. Es triste que haya gente con tan malos modales.
– A mí una vez me pasó una cosa horrible. Estaba en un debate de la radio y un oyente llamó y empezó a insultarme.
– ¡Qué desagradable!
– ¡Es verdad!

(c) 

– ¡Qué bueno!
– Sí, fue muy curioso. Nos fuimos juntos a comer a un restaurante y luego a tomar unas copas.
– ¿Sabes lo que me pasó una vez? Resulta que fui a Beijing a hacer un reportaje gráfico para mi periódico, y en medio de la calle ¡me encontré con mi vecina, que estaba allí de vacaciones!
– ¡Qué casualidad!

(d) 

– ¡Qué miedo!
– Sí, fue un poco raro. Pero yo no creo en fantasmas, así que seguramente fue el viento.
– ¡Menos mal!
– A mí una vez me pasó una cosa muy curiosa. Fui a visitar una casa abandonada, muy misteriosa, para un artículo sobre esoterismo, y de repente escuché unos ruidos muy extraños.

2 Fíjese ahora en los recursos que se utilizan en los diálogos anteriores para contar las anécdotas. Léalas otra vez y subraye las estructuras y fórmulas que emplea el hablante para:

(a) despertar interés en el oyente;

(b) empezar el relato propiamente dicho.

3 Ahora lea los diálogos otra vez y subraye las reacciones del oyente ante la información que reciben.

El baúl de los recuerdos

Reacting to what others say

D

Usted ya ha estudiado con anterioridad cómo reaccionar ante un relato o anécdota usando exclamaciones. A continuación tiene una serie de reacciones muy comunes en español. Con la ayuda de su diccionario, clasifíquelas bajo estas categorías. Note que algunas de estas reacciones pueden pertenecer a más de un grupo.

alivio
relief

- Reacciones positivas
- Reacciones negativas
- Para mostrar interés
- Para mostrar sorpresa
- Para expresar pena
- Para expresar alivio

¡Anda ya!	¡Qué pena!	¡Ándale!
¡Qué horror!	¡Qué rollo!	¡Híjole!
¡Qué suerte!	¿Sí?	¡Qué bien!
¿Y qué pasó?	¡Qué bueno!	¡Qué mala suerte!
¿En serio?	¡Qué chévere!	¡Qué miedo!
¡Menos mal!	¡Qué lástima!	
¡Qué desagradable!		

4 Escuche el Extracto 12 en la Cinta de actividades. Oirá varias anécdotas breves. Reaccione después de escuchar cada una, usando alguna de las expresiones anteriores. No olvide que para ser convincente la entonación de estas exclamaciones debe ser la apropiada.

Actividad 3.4

En esta actividad usted va a leer una anécdota curiosa que le sucedió a una presentadora de televisión.

1 Antes de leer el texto, mire el dibujo y responda.

(a) ¿Qué significa este 'monigote' pegado en la espalda de una persona?

(b) ¿Sabe qué día del año pueden verse estos monigotes?

(c) ¿Existe una celebración parecida en su país?

Si no puede contestar estas preguntas, lea la sección *¿Sabía Ud. que?*.

¿Sabía Ud. que...?

hacer bromas to play practical jokes

El llamado 'Día de los Santos Inocentes' se celebra en España y en Hispanoamérica el día 28 de diciembre. En este día es costumbre hacer bromas ('inocentadas') o ponerle a otras personas monigotes de papel en la espalda, sin que la gente lo note o sea consciente de ello. En los medios de comunicación es tradicional que los periódicos o los servicios informativos de la radio o televisión ese día ofrezcan titulares o noticias falsas – generalmente exageradas o poco verosímiles.

2 Lea ahora la anécdota que contó Olga Gómez, una presentadora de televisión y conteste las preguntas.

D

(a) Intente explicar en español el significado de estas expresiones o palabras del texto. Consulte su diccionario si lo necesita.

(i) dar los últimos toques (líneas 4–5)
(ii) nada más y nada menos (líneas 16–17)
(iii) el mismísimo García Márquez (línea 17)
(iv) ponerse manos a la obra (línea 19)
(v) tomar el pelo (línea 42)

(b) Indique qué acontecimientos en el estudio eran parte de la *inocentada*.

Ejemplo

En realidad Gabriel García Márquez no estaba en los estudios.

3 Fíjese que en el texto Olga Gómez utiliza una serie de palabras o conectores para ordenar su relato:

> **Primero**, tuve que improvisar un guión con algunas preguntas... **Luego**,...

Usted ya ha estudiado este tipo de palabras. Lea ahora el texto otra vez y escriba en su Diario otras palabras del texto que sirven para ordenar el relato de los acontecimientos.

Un día, cuando trabajaba en el estudio, me pasó una cosa muy graciosa. Resulta que estaba dando los últimos toques a los preparativos del programa de esa misma noche. Había mucha gente en los estudios: técnicos, redactores, coordinadores, decoradores, etc. Todos estábamos muy ocupados, pero había un ambiente de trabajo relajado y festivo, ya que era la época de las navidades. Bueno, pues que quince minutos antes de empezar el programa, cuando daba unas instrucciones a un cámara, recibí una llamada del director general desde su oficina, que está en el primer piso de los estudios. Con un tono muy misterioso, me dijo que el escritor Gabriel García Márquez estaba allí mismo, en su oficina, y ¡que le gustaría participar en mi programa! ¡Vaya sorpresa! Imagínate la cara que puse: ¡yo, entrevistando nada más y nada menos que al mismísimo García Márquez!

Todo era muy precipitado, pero ¿qué iba a hacer? No podía desaprovechar una oportunidad como aquélla. Así que me puse manos a la obra. Primero, tuve que improvisar un guión con algunas preguntas para hacerle a García Márquez. Luego, rápidamente, fui a comentarles la 'sorpresa' a los técnicos y al resto de los colegas y después fui a recibir y dar la bienvenida al resto de los invitados que iban a participar en el programa de esa noche.

Cuando ya estaba todo preparado, ocurrieron otras 'sorpresas' inesperadas: para empezar, la primera prueba de sonido 'falló' – ¡no se podía escuchar nada por los micrófonos! Además, uno de los cámaras 'se desmayó' de repente. ¡Todo esto, cinco minutos antes de empezar el programa! Yo cada vez me estaba poniendo más nerviosa… Encima, me di cuenta en el último momento de que en el escenario faltaba una silla para nuestro invitado sorpresa, García Márquez. Pedí que pusieran una silla para él, pero sorprendentemente, todas las sillas del estudio habían desaparecido y nadie, repito, nadie, pudo encontrar una silla extra en todo el estudio. Dios mío, ¡qué desastre!

Finalmente, cuando por fin estábamos listos, llamé con urgencia al director general para preguntarle dónde narices estaba García Márquez, ¡faltaban sólo dos minutos para empezar! Entonces el director dejó de hablar un momento, y de repente empezó a reír y a gritar por el teléfono: – '¡Inocente!, ¡inocente!' Miré alrededor, a los técnicos, a los colegas, a los invitados y todos gritaron: '¡Inocente!' Entonces me di cuenta que ese día era el 28 de diciembre, el Día de los Inocentes. García Márquez no estaba visitando nuestro estudio, yo no iba a entrevistarle en mi programa. ¡Los muy malditos me habían tomado el pelo, y encima me habían puesto un monigote en la espalda!

Actividad 3.5

En esta actividad va a analizar y practicar un tipo de oración temporal para relacionar momentos del pasado.

1 Lea las siguientes frases, extraídas del texto de Olga Gómez, Actividad 3.4.

(a) Cuando **trabajaba** en el estudio, **me pasó** una cosa muy graciosa.

(b) Cuando **daba** unas instrucciones a un cámara, **recibí** una llamada del director general desde su oficina.

2 En estas frases Olga relata unos acontecimientos y las circunstancias en las que se desarrollan esas acciones. Rellene los espacios con otros ejemplos de las mismas frases. Escriba los verbos en infinitivo.

Acontecimientos	**Circunstancias**
(a) pasar una cosa	(a) ••••••
(b) ••••••	(b) dar unas instrucciones

3 ¿En qué tiempo del pasado están los acontecimientos? ¿Y en qué tiempo del pasado están las circunstancias? Responda en inglés.

El baúl de los recuerdos

'Cuando' + imperfect + preterite

Remember that the imperfect tense is used in Spanish to express the circumstances or the background in which events (narrated in the preterite) took place. For more information, see the Spanish Grammar, pages 6–9.

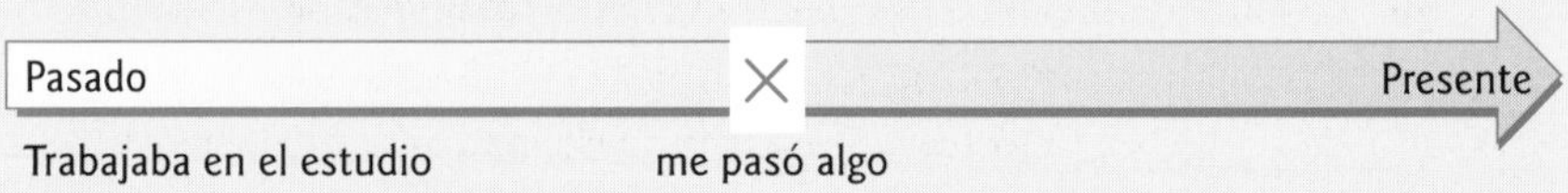

Also note that in the text in *Actividad 3.4*, the descriptions of the place and the people are in the imperfect:

Había mucha gente en los estudios...

Había un ambiente de trabajo relajado y festivo,...

4 Escriba frases con la estructura 'cuando + imperfecto + pretérito', usando un elemento de la columna de la izquierda y otro de la columna de la derecha. Luego invente usted mismo un final.

Ejemplo

Cuando escribía un informe en la oficina, recibí un fax urgente. Tuve que salir y visitar a unos clientes para resolver un problema.

Circunstancias	Acciones
Escribir un informe en la oficina	Ver un accidente
Leer el periódico	Recibir un fax urgente
Preparar la cena	Sonar el teléfono
Salir del restaurante	Escuchar un ruido extraño
Ver la televisión	Llamar a la puerta
Salir para el trabajo	Sentir un dolor agudo en el estómago
Entrar en el coche	Encontrar un billete de 10.000 pesetas
Comprar en el supermercado	Poner la radio
Regresar a casa	Recibir una carta

Actividad 3.6

En esta actividad usted va a grabarse contando una anécdota, como en el ejemplo de Olga Gómez, de la Actividad 3.4.

Los siguientes pasos le ayudarán a realizar la tarea:

1 Piense en una 'inocentada' o una anécdota.

2 Tome notas de los acontecimientos o acciones y de las circunstancias. Decida en qué tiempo del pasado tienen que ir los verbos en cada caso.

3 No olvide empezar su relato con '¿Sabes lo que me pasó…?' / 'A mí una vez me pasó…' / 'Resulta que…' etc.

4 Utilice palabras para ordenar su relato: primero, etc.

5 Grábese.

Si quiere un modelo de cómo contar una anécdota, escuche el Extracto 13 en la Cinta de actividades.

Sesión 2 El mundo de la publicidad

In this session you will explore the world of advertising and analyse slogans and advertising messages.

Actividad 3.7

En esta actividad conocerá la opinión de Manolo Román sobre la publicidad y el futuro de los medios de comunicación.

1 Reflexione sobre estas preguntas y conteste por escrito en una frase:

(a) ¿Para qué sirve la publicidad?

(b) ¿La publicidad tiene mucha importancia en los medios de comunicación? ¿Por qué?

2 Vea la secuencia de vídeo (01:27:39–01:28:36) donde Manolo Román nos habla del futuro de los espacios culturales en televisión y su relación con la publicidad. Conteste las siguientes preguntas según la opinión de Manolo Román:

(a) ¿Qué visión tiene Manolo Román del futuro de los espacios culturales en la televisión en España?

(b) ¿Cómo se financian las televisiones de la mayoría de los países?

(c) ¿Adónde se dirige la publicidad?

(d) ¿Qué es lo que no elige la audiencia?

Actividad 3.8

Esta actividad trata de la publicidad en términos generales.

1 ¿Sabe lo que significan estas palabras? Busque su significado en el diccionario y anótelas en su Diario. Tenga en cuenta que algunas de estas palabras en otros contextos, que no son el de la publicidad, quieren decir algo diferente.

(a) un spot

(b) un anuncio

(c) una campaña

(d) una cuña

(e) un eslogan

(f) una valla

(g) una marca

2 Conteste por escrito las siguientes preguntas según su opinión.

(a) En general, ¿qué productos se anuncian con más frecuencia?

(b) ¿En dónde puede usted encontrar anuncios publicitarios?

(c) ¿En qué periodos del año hay más publicidad?

(d) ¿Qué medio de comunicación es el mejor para publicidad?

3 Lea la viñeta de Mafalda.

(a) ¿Cree que Mafalda tiene una opinión positiva o negativa de la publicidad?

(b) ¿A quién se refiere Mafalda con 'los muy malditos'?

(c) ¿Qué opina usted sobre la publicidad? Conteste por escrito en 30 palabras.

Actividad 3.9

Los mensajes publicitarios de los textos escritos suelen ser breves y con frases fáciles de recordar. Normalmente se usan frases cortas, rimas, juegos de palabras o frases hechas. Abundan también los imperativos. Ahora usted va a analizar algunos eslóganes.

1 Relacione estos eslóganes con los productos que anuncian.

Eslogan	Producto
(a) Encuentra tu propia fragancia	(i) coche
(b) Ten vista, y llévatelas	(ii) lentes de contacto
(c) Búsquese una casa lejos del trabajo	(iii) whisky escocés
(d) Relájese, lea con atención y disfrute	(iv) contestador automático
(e) Dedíquese unos segundos	(v) perfume
(f) Márchate siempre que quieras. Tu RumboCom responde por ti	(vi) libros de cocina
(g) Únete a nuestro clan	(vii) cremas de belleza

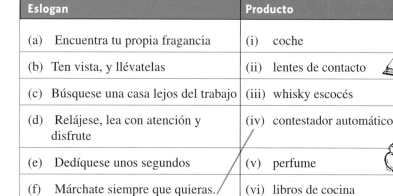

2 Ahora clasifique los imperativos de los eslóganes del paso 1 en este cuadro.

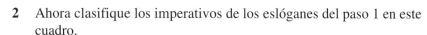

	Informal	Formal
Sin pronombres	encuentra	
Con pronombres		búsquese

El baúl de los recuerdos

The imperative

Complete este resumen gramatical sobre la forma del imperativo:

En afirmativo, la forma del imperativo con 'tú' de los verbos regulares es igual a la de …… .

Hay ocho verbos irregulares:

poner: pon
hacer: ……
ser: sé
tener: ……
decir: ……
salir: sal
ir: ……
venir: ven

La forma del imperativo con 'usted' de los verbos regulares es igual al …… .

En imperativo negativo, todas las formas son iguales a las del …… .

En las formas del imperativo afirmativo los pronombres se colocan …… y unidos al verbo, por ejemplo: *¡Díselo!*

En el imperativo negativo los pronombres se colocan …… del verbo, por ejemplo: *¡No **se lo** digas todavía!*

G For more information, see the Spanish Grammar, pages 36–9.

Actividad 3.10

1 Complete estos mensajes publicitarios con la forma del imperativo adecuada:

(a) Si pagar el préstamo de su coche se ha convertido en una carga pesada… (cambiarse) …… al préstamo InterBank y (sacarse) …… un peso de encima.

(b) Si quiere viajar gratis con nosotros, (seguir) …… leyendo.

(c) Si sabe hasta dónde quiere llegar, (empezar) …… ya a disfrutar del trayecto.

(d) Si deseas comunicarte con un mundo sin límites para tu imaginación, (conectarse) …… a la Internet de la forma más rápida, segura y fiable con PopaNet.

(e) Si estás pensando en cambiarte el coche, (hacer–lo) …… para siempre.

2 ¿Qué estructura gramatical se repite en los mensajes publicitarios anteriores?

El baúl de los recuerdos

Expressing conditions

Remember the different structures with *si* that you have learned:

Si + *present* + *imperative*

Si encuentras algo mejor, cómpralo.

Si + *present* + *future*

Si no eliges Limpia-spray, serás el primero en notarlo.

Si + *present* + *present*

Si lo pruebas, seguro que te gusta.

For more information, see the Spanish Grammar, pages 40–1.

Actividad 3.11

En esta actividad usted va a trabajar cuñas publicitarias de la radio.

1 Escuche el Extracto 14 en la Cinta de actividades e indique con un número en qué orden aparece en el extracto cada cuña publicitaria. ¡Ojo! No todos los productos que aparecen a continuación se mencionan en el extracto.

Coche	❑	Canal de televisión	❑
Revista	❑	Libreta de ahorros	❑
Programa de radio	❑	Programa de televisión	❑
Refresco	❑	Agencia de viajes	❑
Electrodomésticos	❑	Periódico	❑
Seguro del coche	❑	Perfume	❑
Curso de inglés	❑	Ropa	❑
Supermercado	❑	Detergente	❑

2 Escuche de nuevo el Extracto 14 y anote a qué sector de la audiencia cree que los anuncios van dirigidos.

Cuña 1	
Cuña 2	Los conductores / Los propietarios de coches
Cuña 3	
Cuña 4	
Cuña 5	
Cuña 6	

3 Escuche las cuñas por última vez y complete los espacios con los imperativos que oiga.

(a) ¿Te preocupa cómo vivirás en el siglo que viene? ¿Te preocupa elegir lo que podrás hacer? ...... todos los domingos a partir de las nueve de la mañana en Onda Cero Consumo 21, el programa dedicado al consumo inteligente y responsable.

(b) Seguridad Mapfre. La solvencia del número 1 en seguros de automóviles. ...... su coche en Mapfre.

(c) A veces las paredes hablan. Las mirillas espían. Las vidas se cruzan en un rellano. ¿Conoces realmente a tus vecinos? ...... en su vida en *Calle Nueva*, de lunes a viernes después de comer en la primera de Televisión Española.

(d) Soy una lectora de la revista *Diez Minutos* y quiero decirles a las que no lo son que os quedaréis esta semana sin las mejores recetas de Simone Ortega. Sí, las de su famoso libro. En fichas coleccionables. Paso a paso, y gratis. Y sin la medalla de la boda de la Infanta. Bañada en oro. ¡...... a *Diez Minutos*, mujer, que te lo pierdes!

(e) Antes del 11 de octubre, ... a nuestra fiesta de aniversario. Tienes mucho que celebrar. Te hemos preparado la mejor selección en alimentación, ropa, menaje, electrodomésticos, y todo, todo a precios de aniversario. Hasta el 11 de octubre. ...... al aniversario Pryca. ¡...... !

(f) – Ejem, ejem.

– Vía Digital ¿......?

– Buenos días, señorita. Creo que tienen ustedes un canal femenino.

– Sí, señorita. El Canal Ella, con todo lo que a usted como mujer de hoy le puede interesar. Moda, decoración, belleza…

– Pues… ...... , por favor.

– Muy bien, señorita. ...... su nombre.

– Evarist… Evarista Ruiz.

Canal Ella. A tu mujer también le gustará. Vía Digital. 35 canales temáticos por sólo 2.500 ptas al mes. ...... llamando al 902 20 00 35 o a cualquiera de nuestros distribuidores autorizados.

4 En el último anuncio el publicista ha escogido el humor como estrategia publicitaria para atraer la atención del oyente.

(a) Explique en unas 50 palabras de qué trata y por qué es gracioso.

(b) Reflexione y conteste en unas 30 palabras:

¿Piensa que se debe hacer humor en la publicidad? ¿Por qué?

Actividad 3.12

Ahora le toca a usted. Imagine que trabaja para una agencia publicitaria y tiene que diseñar una cuña para la radio para promocionar el curso de español a distancia *En rumbo*. Siga los siguientes pasos:

- Piense en el producto que va a anunciar y en la audiencia a la que se dirige.
- Use las cuñas anteriores como modelo.
- Redacte un texto corto. Recuerde incluir datos como el teléfono y la dirección. Utilice el imperativo, e incluya las estructuras del condicional que conoce.
- Finalmente, grábese.

Sesión 3 La historia de las comunicaciones

In this session you will learn about different means of human communication throughout history, from prehistoric times up until the twentieth century. You will also express your wishes and predictions for the future of communication technology.

Actividad 3.13

1 En esta actividad usted va a analizar los medios de comunicación a través de la historia. Observe los siguientes dibujos y relaciónelos con las frases en la página siguiente.

(a)

(b)

(c)

(d)

(e)

(f)

(i) En el antiguo Egipto muy pocas personas sabían escribir, sólo los escribas y los sacerdotes escribían sus mensajes cifrados con jeroglíficos.

(ii) Los monasterios eran los centros de la cultura durante la Edad Media. Allí los monjes redactaban sus manuscritos en latín.

(iii) El teléfono fue el gran invento de finales del siglo XIX. Revolucionó las posibilidades de comunicación al permitir la conversación oral instantánea a distancia.

(iv) Nuestros antepasados prehistóricos no tenían un sistema de comunicación escrito, se comunicaban verbalmente.

(v) Gracias al telégrafo, fue posible mandar información urgente a cualquier parte del mundo.

(vi) En 1450 Gutenberg inventó la imprenta y con ella abrió las puertas a la edición masiva de libros.

2 ¿Qué invento, en su opinión, ha sido el más importante en la historia de la comunicación humana?

3 Lea de nuevo las frases del paso 1. Algunas de ellas se refieren a un momento preciso, puntual o terminado del pasado, mientras que otras mencionan actividades de carácter repetitivo, habitual o descriptivo. ¿Qué frases pertenecen a un grupo o a otro? Escríbalas en dos columnas.

Hechos puntuales	Acciones habituales
El teléfono fue...	Los monasterios eran...

4 ¿Qué tiempos del pasado se usan en cada caso?

El baúl de los recuerdos

Talking about the past

Remember that the imperfect tense is used for repeated and habitual actions in the past, whereas the preterite refers to a completed event in the past. For more information, consult your Spanish Grammar, pages 6–9.

G

Actividad 3.14

En esta actividad se habla de algunos inventos que han revolucionado la comunicación en el siglo XX.

Complete ahora usted estas frases usando el imperfecto o el pretérito.

el radio (SpAm)
la radio (Sp)

1 El primer radio de transistores (comercializarse) ...... en 1954 en EEUU.

2 En 1979 una empresa japonesa (diseñar) ...... la televisión de bolsillo.

3 En los años veinte la gente (escuchar) ...... mucho la radio. Normalmente las familias (sentarse) ...... alrededor del aparato después de cenar para oír las noticias.

4 A principios de siglo el formato original de los tabloides (equivaler) ...... a la mitad del tamaño de los demás periódicos y (tener) ...... artículos reducidos.

5 En 1962 (emitirse) ...... las primeras imágenes transoceánicas en vivo por vía satélite.

6 En los comienzos del cine las películas (proyectarse) ...... con un pianista que (acompañar) ...... las imágenes.

7 La primera película sonora (ser) ...... un musical titulado *El cantante de jazz* en 1927.

8 En los años setenta los procesadores de texto y los ordenadores (revolucionar) ...... la impresión de libros.

Actividad 3.15

1 Los grandes avances del siglo XX han cambiado el estilo de vida de las personas. Lea estas afirmaciones que comparan el antes y el después de algunos inventos.

- Antes no teníamos televisor y después de cenar escuchábamos la radio o charlábamos todos juntos.
- Antes del teléfono la gente se comunicaba por carta y algunas veces si era urgente mandaba un telegrama. Ahora hay demasiada gente obsesionada con los móviles.
- Antes del satélite las imágenes que llegaban del extranjero tardaban varios días. Ahora podemos ver imágenes en directo de lo que pasa al otro lado del mundo.

2 Fíjese en los tiempos que se usan para comparar el pasado con el presente y escríbalos en dos columnas.

3 Piense usted ahora en los cambios que han provocado estos inventos. Escriba frases similares a las anteriores.

(a) el vídeo

(b) el ordenador

(c) el cassette

(d) la Internet

(e) el fax

Actividad 3.16

En esta actividad hablaremos del fenómeno de la Internet y su efecto en la comunicación.

1 Lea este texto sacado de un reportaje sobre la Internet. Pero, ¡**cuidado**!, el virus Gramatikón ha vuelto a atacar. Las expresiones en cursiva no están en el lugar correcto del texto, y por eso esas frases no tienen sentido. Póngalas en el lugar correcto.

> ¿Qué contiene la Internet? Imaginemos un tablón de anuncios gigantesco y abierto a todos. Las instituciones oficiales lo utilizan para difundir sus puntos de vista; las empresas, para darse a conocer; las universidades, *para sus locuras*; los jóvenes, para ponerse en contacto; los locos, *para trabajar*; los coleccionistas, para localizar a otros; los artistas, *para ensayar nuevos sistemas de información*; los que quieren estar a la moda, para no quedarse atrás; los periódicos, *para divertirse*; los poetas, para aumentar sus lectores; los graciosos, *para proyectar su enseñanza*; los investigadores, para unirse a la comunidad internacional; los ociosos, *para exhibir su obra*; los pervertidos, para encontrar a otros con sus aficiones; los trabajadores, *para comprar*; los vendedores para vender; los consumidores, *para contar chistes*; los ladrones para intentar robar a unos y a otros. Como en la vida misma.
>
> (Adaptado de *El País*, 20 de enero de 1996)

El baúl de los recuerdos

Expressing purpose

The following structures can be used to express purpose:

para + infinitive *para* + noun

Ejemplos

La Internet es muy útil para buscar información.

La Internet es muy útil para la investigación.

2 Ahora escriba para qué usan los siguientes tipos de personas normalmente la Internet:

(a) la/el oficinista

(b) los ratones de biblioteca

ratón de biblioteca
bookworm

(c) los 'hackers' o piratas informáticos

(d) los cibercafenautas

Actividad 3.17

1 ¿Ha usado usted alguna vez la Internet? ¿Para qué? Ésta es la pregunta que hemos hecho a unas personas de la calle. Vea la secuencia de vídeo (01:29:47–01:30:08) y complete el cuadro:

Persona	Sí/No	Para qué
1		
2		
3		
4		

Sabía Ud. que...

Si usted tiene acceso a la Internet, puede navegar a sitios de interés donde se habla español. Cada día hay más páginas web en español donde podrá encontrar información variada de muchos temas: geografía, información turística, cocina, cultura, arte, libros, música, etc. Muchos periódicos y revistas de España e Hispanoamérica tienen una edición Internet donde encontrará información de actualidad.

En la Internet también hay muchas direcciones relacionadas con el aprendizaje del español como lengua extranjera. Una de las más importantes posiblemente sea la página del idioma español: http://www.el-castellano.com

2 ¿Y usted, ha usado alguna vez la Internet?

Actividad 3.18

¿Cómo será la Internet del futuro? A continuación tiene dos mensajes electrónicos enviados al espacio interactivo de un periódico. Dos personas expresan sus predicciones y deseos sobre la Internet del siglo XXI.

1 Léalos y anote qué texto habla de predicciones y cuál de deseos.

Mensaje A:

Aumentarán las velocidades de conexión al mismo tiempo que los usuarios aumentarán sus vías de participación. Será una herramienta más, al igual que lo es el fax, la fotocopiadora, etc., y comenzará a utilizarse en todos los centros de educación, organismos oficiales, hospitales, etc... cada vez en más países del mundo, no solamente en los países industrializados.

Poco a poco se pasará de la línea telefónica a la digital e incluso empezarán a salir los primeros sistemas de conexión a través de satélite.

Nuria Durán Sanchís

Mensaje B:

Es difícil predecir, así que prefiero hablar de mis deseos. Si se cumplen algunos de éstos estoy seguro que a todos nos irá mejor. Espero que en el siglo XXI Internet sea de libre acceso para todo el que tenga ordenador personal, en fin, que sea gratuito para todo el mundo. Que de una vez por todas entre en la cabeza de todos que Internet es una herramienta más de trabajo, un nuevo medio de comunicación mucho más económico, rápido y sencillo que los ahora tradicionales. Que los medios de comunicación ayuden a facilitar el acceso a la información aunque esto signifique que pierdan su poder de manipulación.

José Ortega Ruiz

2 Lea los textos otra vez y responda por escrito. ¿Qué tiempos verbales se usan más en cada mensaje?

El baúl de los recuerdos

Making predictions and expressing wishes

Remember that the future tense is used for making predictions:

> **Aumentarán** las velocidades de conexión
>
> La gente **usará** la Internet con gran frecuencia

The present subjunctive is used, after the following structures, to express wishes:

Espero que...

Quiero que...

Deseo que...

Mi esperanza es que...

Tengo la esperanza de que...

> Espero que los medios de comunicación **ayuden** a facilitar el acceso a la información.

3 Ahora le toca a usted expresar sus deseos y predicciones para los medios de comunicación. Escriba una o dos frases para cada uno. Recuerde usar el tiempo verbal correcto.

	Predicciones	Deseos
Radio		
Televisión		
Prensa		
Internet		

Actividad 3.19

1 Para terminar usted va a repetir la actividad que hizo en la Unidad 1, Sesión 1. Vea la secuencia completa de vídeo (01:20:55–01:28:40) **una vez sin parar** y anote lo que comprenda en el siguiente cuadro. Puede tomar notas en inglés o en español, como usted lo prefiera.

Partes de la entrevista

Presentación de la entrevista

El atractivo del periodismo entre los jóvenes

Los diferentes pasos en la elaboración de una noticia

Entrevistas planeadas

Restricciones éticas

Anécdota de la entrevista a García Márquez

El futuro de los espacios culturales

2 Compare sus notas con las que tomó en la primera sesión de *Los medios de comunicación*. Estamos seguros de que su comprensión ha mejorado. Después consulte la transcripción para comprobar si sus notas son correctas.

Clave

Unidad 1

Actividad 1.1

2 We have given you some extra words that you will find useful as you work on the rest of this book.

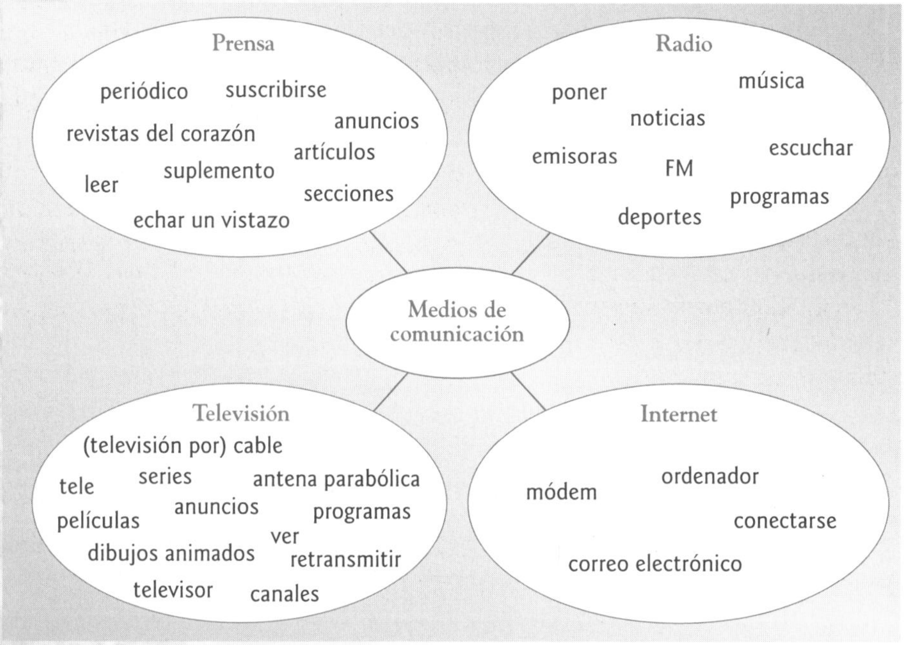

Actividad 1.3

2

	Radio o televisión	¿Por qué?
Persona 1	Radio	Porque te puedes imaginar más cosas.
Persona 2	Televisión	Porque puede ver imágenes, movimiento, colores. También tiene el efecto sonoro.
Persona 3	Radio	Porque mientras la escucha puede hacer cosas a la vez.
Persona 4	Le gustan los dos medios	La televisión porque se puede sentar a verla tranquilamente. La radio le gusta más cuando tiene cosas que hacer.

Actividad 1.4

1 Nombre: Manolo

Apellido: Román

Programa: Informativos diarios, *Telediario*

Sección: Cultura

2 Here is a model description:

Sí, hombre, Manolo Román es aquél que está en aquel grupito charlando. **Es alto y delgado. Tiene el pelo muy oscuro y lleva bigote. Lleva gafas.**

You could also say *tiene bigote* and *tiene gafas.*

Actividad 1.5

1 Los días laborables **me levanto** generalmente a eso de las 7.00 de la mañana. **Me ducho** y **me tomo** un café antes de salir para el trabajo. El tráfico en Caracas está muy mal, así que **me demoro** aproximadamente una hora en llegar al trabajo. **Empiezo** a trabajar a las 9.00, y **trabajo** hasta la 1.30 ó 2.00. **Almuerzo / como** con los colegas en el comedor de Televisión Venezolana, pero a veces no **tengo** tiempo para comer y simplemente me **como / tomo** una hallaca. En mi trabajo tengo que hacer muchas cosas: **hago** llamadas por teléfono para organizar entrevistas, **me reúno** con el equipo de informativos, **escribo** en el computador la noticia, etc. **Termino** de trabajar a las 8.00 y después **vuelvo** a casa.

El fin de semana lo **paso** con la familia: mi esposo y mis dos hijos. Los sábados todos juntos **vamos** al supermercado del barrio y **hacemos** las compras. Luego **comemos / almorzamos** fuera, en algún bar o restaurante. De vez en cuando **vamos** al cine todos juntos, cuando ponen películas para niños. Los domingos por la noche **me acuesto** temprano, a eso de las 10.30 o las 11.00 de la noche, porque el lunes tengo que levantarme muy temprano.

El baúl de los recuerdos

Infinitive	First person singular	Second person singular	First person plural	Type of irregularity
conocer	conozco	conoces	conocemos	first person singular irregular 'c'→ 'zc' before 'o'
convencer	convenzo	convences	convencemos	first person singular irregular 'c'→ 'z' before 'o'
construir	construyo	construyes	construimos	'y' between vowels except first and second persons plural
dormir	duermo	duermes	dormimos	radical changing
hacer	hago	haces	hacemos	first person singular irregular 'c'→ 'g' before 'o'
ir	voy	vas	vamos	completely irregular verb
pedir	pido	pides	pedimos	radical changing
poner	pongo	pones	ponemos	first person singular irregular

sigue en la página siguiente

El baúl de los recuerdos

Infinitive	First person singular	Second person singular	First person plural	Type of irregularity
proteger	protejo	proteges	protegemos	first person singular irregular 'g' → 'j' before 'o'
querer	quiero	quieres	queremos	radical changing
reunir	reúno	reúnes	reunimos	first and 2nd persons singular irregular 'u'→ 'ú'
salir	salgo	sales	salimos	first person singular irregular
ser	soy	eres	somos	completely irregular
tener	tengo	tienes	tenemos	first person singular irregular; 'e'→ 'ie' for 2nd and 3rd persons singular and 3rd person plural
traer	traigo	traes	traemos	first person singular irregular
vencer	venzo	vences	vencemos	first person singular irregular 'c'→ 'z' before 'o'
venir	vengo	vienes	venimos	first person singular irregular; 'e'→ 'ie' for 2nd and 3rd persons singular and 3rd person plural

Actividad 1.6

In your description, you might have used some of these phrases:

Por la mañana

me levanto a (las siete…)

me ducho

(me) desayuno (café con leche y cereales)

me lavo/ baño

leo (el periódico…)

tomo el metro / autobús

llego al trabajo

empiezo a trabajar…

Por la tarde

como / almuerzo (un plato de pasta…)

(me) tomo una taza de té

vuelvo al trabajo (a eso de las tres…)

termino de trabajar (a las seis…)

Por la noche

antes de cenar: regreso a casa

hago la compra

preparo la cena

recojo a los niños del colegio

ceno (bastante tarde)

después de cenar: suelo ver la tele

a veces escucho música

leo un libro

de vez en cuando salgo con los amigos

(me) tomo una copa

me acuesto

El fin de semana

descanso

limpio la casa

voy de compras

voy al cine / teatro / etc.

me quedo en casa

a veces hago deporte

voy de excursión al campo

me suelo levantar / acostar tarde

You could have used adverbs of frequency such as *de vez en cuando*, etc. You could also have used the verb *soler* or *acostumbrar* for talking about things you do regularly.

You should have used the third person singular if you have described somebody else's daily routine: *se levanta, come, sale, va,* etc.

Actividad 1.7

1 (a) corresponsal de guerra (iv)

(b) comentarista deportivo (v)

(c) redactor de un periódico (vi)

(d) presentador de noticias (ii)

(e) locutor de radio (iii)

(f) reportero gráfico (i)

2 (a) *aventurero* is wrong. Possible adjectives include *fotogénico, sobrio, serio, claro.*

(b) *fotogénicos* is wrong. Possible adjectives include *creativos, imaginativos, expresivos.*

(c) *desordenado* is wrong. Possible adjectives include *ordenado, objetivo, imparcial, justo, íntegro.*

(d) *atractivos* is wrong. Possible adjectives include *elocuentes, convincentes, persuasivos, claros, expresivos.*

3 There are two verbs:

tiene(n) que (tener)

debe(n) (deber)

Remember that *tener* is followed by *que* and *deber* is followed directly by the infinitive. For more information, see pages 61–2 of the Spanish Grammar.

4 Here is a possible description:

Los comentaristas deportivos deben tener buena memoria de nombres de deportistas, equipos, datos, etc. Tienen que ser muy activos y dinámicos.

Actividad 1.8

1 (a) Here are some possible answers:

- Porque está muy bien pagado.
- Es una profesión que está de moda.
- Los periodistas conocen y entrevistan a gente interesante.

(b) Here are three model answers:

- Prefiero el periodismo televisivo porque me gustan las imágenes.
- Pues, yo prefiero la prensa porque me encanta leer.
- A mí me parece que la radio es más espontánea y dinámica.

2 You should have ticked the following:

(a) Trabajar en televisión está bien considerado socialmente.

(c) Los jóvenes piensan que es una profesión bastante romántica.

(f) A los jóvenes les atrae la fama que la televisión les pueda dar.

(g) Manolo Román piensa que los jóvenes idealizan el mundo de la televisión.

3 The modifiers used are shown in bold:

(b) Los periodistas de televisión ganan **mucho** dinero.

(c) Los jóvenes piensan que es una profesión **bastante** romántica.

(d) El periodismo en televisión es una profesión dur**ísima**.

(e) Los jóvenes no tienen **demasiadas** oportunidades de acceder a la televisión porque es una profesión **muy** competitiva.

Actividad 1.9

1

Emisora / cadena de radio	Canal de TV	Periódico / revista
Radio España	TVE	*Pueblo*
Cadena Ser		
Antena 3		
Onda Cero		
Cadena Cope		

2 Four dates are wrong:

'1966' should be '1964' Publicó su primer trabajo en el periódico *Pueblo*. (*The text says* Comenzó su carrera profesional en 1963… Un año más tarde publicó su primer trabajo en el diario *Pueblo*…)

'1984' should be '1982' Abandonó la Cadena Ser. (En 1972 se incorporó a la Cadena Ser… Diez años después decidió abandonar esta emisora…)

'1986' should be '1989' Recibió el premio 'La Manzana de Oro.' (*He received the* Ondas 1981 *and then* ocho años después 'La Manzana de Oro'.)

'1995' should be '1994' Renovó su contrato con la Cope. (… en el año 1994 la 'Antena de Oro'… En este último año… *i.e. 1994*.)

3 en noviembre de 1944
luego
un año más tarde
más tarde
poco antes de
en 1972
diez años después
el 23 de julio de 1992
después de
ocho años después
en este último año

Other expressions you might have added:
un año antes
al cabo de dos años

4 nació → nacer; estudió → estudiar; quedaron → quedar; comenzó → comenzar; cantó → cantar; aprendió → aprender; publicó → publicar; hizo → hacer; destacó → destacar; se incorporó → incorporarse; alcanzó → alcanzar; decidió → decidir; abandonó → abandonar; decidió → decidir; se trasladó → trasladarse; decidió → decidir; pasó → pasar

El baúl de los recuerdos

	-ar hablar	-er / -ir beber	vivir
yo	habl**é**	beb**í**	viv**í**
tú	habl**aste**	beb**iste**	viv**iste**
él, ella; Ud.	habl**ó**	beb**ió**	viv**ió**
nosotros, -as	habl**amos**	beb**imos**	viv**imos**
vosotros, -as	habl**asteis**	beb**isteis**	viv**isteis**
ellos, ellas; Uds.	habl**aron**	beb**ieron**	viv**ieron**

	e, -ir pedir	o, -ir dormir
yo	pedí	dormí
tú	pediste	dormiste
él, ella; Ud.	p**i**dió	d**u**rmió
nosotros, -as	pedimos	dormimos
vosotros, -as	pedisteis	dormisteis
ellos, ellas; Uds.	p**i**dieron	d**u**rmieron

	ser / ir
yo	fui
tú	fuiste
él, ella; Ud.	fue
nosotros, -as	fuimos
vosotros, -as	fuisteis
ellos, ellas; Uds.	fueron

	raíz		terminaciones	
estar	estuv-		—	—
hacer	hic-		-e	yo
poder	pud-		-iste	tú
poner	pus-	+	-o	él, ella; Ud.
querer	quis-		-imos	nosotros, -as
saber	sup-		-isteis	vosotros, -as
tener	tuv-		-ieron	ellos, ellas; Uds.
venir	vin-		—	—

Actividad 1.10

2 The preterite of the verbs is: nace → nació; empieza → empezó; estudia → estudió; se licencia → se licenció; viaja → viajó; conoce → conoció; va → fue; hace → hizo; vive → vivió; escribe → escribió; visita → visitó; se casa → se casó; trabaja → trabajó; consigue → consiguió; se divorcia → se divorció; vuelve → volvió; crea → creó; tiene → tuvo; muere → murió

3 (a) Cuando **fue / viajó** a Asia, **conoció** a James.
(b) Cuando **fue / viajó** a EEUU, **hizo** un Máster en medios de comunicación.
(c) Cuando **se casó** con James, **trabajó** como corresponsal en Londres.
(d) Cuando **se divorció**, **volvió** a España.
(e) Cuando **volvió** a España, **creó** una productora de televisión.
(f) Cuando **fue / viajó** a África, **tuvo** un accidente de coche y **murió**.

Actividad 1.11

1 The table opposite gives **all** the information from the audio extract. If you have recorded a half to three-quarters of this information you have clearly understood the passage well. If you had a quarter to a half of the information, you've understood the gist. If you have less than a quarter, you should listen to the passage again once or twice.

2 (a) (iii); (b) (iii); (c) (i); (d) (iii); (e) (ii); (f) (iii)

El baúl de los recuerdos

(a) una **descripción** en el pasado – frase 2

(b) una **acción** en el pasado – frase 1

Actividad 1.12

1 This is the right order:
(c) enterarse de una noticia
(h) valorar si la noticia tiene interés
(d) escribir el texto de la noticia
(a) desplazarse con el equipo de filmación
(f) maquillarse / (g) preparar el equipo para la filmación
(e) filmar
(b) editar

2 The correct order is: (c), (f), (d), (g), (b), (e), (a).

3 Here are some possible sentences:
- En la redacción el equipo busca información cultural.
- Manolo Román valora la noticia con su jefe de sección.
- Manolo Román se reúne con el jefe de *Telediario* y demás periodistas para elaborar el telediario.
- El equipo se desplaza al lugar de la filmación.
- Manolo Román comenta los detalles de la filmación.
- Manolo Román realiza la entrevista.
- Manolo Román edita la noticia.

El baúl de los recuerdos

You might have thought of the following:

para empezar, a continuación, después, posteriormente, para terminar / acabar, por último, finalmente

4 Here is a model summary:

Primero se busca información cultural en la redacción. Luego se valora la noticia y Manolo Román se reúne con el jefe de *Telediario* y demás periodistas para elaborar el telediario. A continuación todo el equipo se desplaza al lugar de la filmación. Después se comentan los detalles de la filmación y posteriormente se realiza la entrevista. Finalmente, se edita la noticia.

Notice that *reunirse* and *desplazarse* are reflexive verbs and therefore cannot be transformed into the impersonal. Also notice the plural form: *se comentan (los detalles).*

This table gives the answers to step 1 of *Actividad 1.11*.

Temas	Sus notas
Información personal	Nombre: Javier Lizarzaburu Nacionalidad: peruano Vive en Londres Profesión: Periodista Lugar de trabajo: Servicio Latinoamericano de la BBC
Su trabajo Su programa	Hace programas de radio para América Latina. Produce *Enfoque*, un programa diario de 15 minutos, que se transmite en vivo.
Programa de hoy	La importancia política de Ernesto Che Guevara
Rutina diaria	Llega a la oficina entre las 8.30 y las 9.30 de la mañana. Lee las noticias del día de la BBC. Durante la mañana: prepara los textos, los guiones, las entrevistas. Por la tarde, después de la transmisión del programa, empieza a discutir los posibles temas para el día siguiente, avanza un reportaje o entrevista, hace alguna entrevista, comisiona a alguno de los corresponsales algún reportaje.
Problemas y sorpresas comunes durante la transmisión	Problemas con la línea telefónica, no escucha al entrevistado. El entrevistado a veces se altera mucho durante una entrevista. El entrevistado a veces es muy interesante y Javier quiere continuar hablando con él, pero no hay tiempo suficiente.
Lo que más le gusta de su trabajo	Hablar de distintos temas. No tienen las restricciones que normalmente hay en las radios comerciales.
Momentos importantes en su profesión	Concierto de Amnistía Internacional en Chile. Javier hizo una producción de vídeo para este concierto. Era un concierto de rock. Se celebraba el regreso de Chile a la democracia. El concierto se hizo en el Estadio Nacional, antiguo centro de tortura y de detención durante la dictadura de Pinochet.
Cambios en su trayectoria profesional	Siempre ha sido periodista. Javier empezó en la prensa escrita, luego continuó en televisión y actualmente trabaja en la radio.
Planes para el futuro	Seguir haciendo lo que está haciendo. No tiene planes fijos.

Actividad 1.13

2 Here is a possible model of the process:

Para empezar, se desarrolla y se discute la idea del documental en la compañía productora. Después se elabora el primer borrador y luego se aprueba el guión definitivo. A continuación se investigan el tema y los posibles lugares de filmación, y se aprueba el presupuesto general. Finalmente, se firma el contrato con la cadena de televisión.

A continuación viene el proceso de preproducción. Se organiza el rodaje, se contratan el personal y el equipo necesario y se obtienen los permisos de filmación.

Después comienza el proceso de producción: se filma el documental y posteriormente se revela la película.

Luego se edita el documental y se añaden el sonido y los títulos.

Para terminar, se distribuye el documental a la(s) cadena(s) de televisión y finalmente se emite el programa y se visiona en la pantalla.

Actividad 1.14

1

Personajes	Profesión
Lluís Pascual	director de teatro
Antonio Canales	bailaor
Zoé Valdés	escritora

2 Lluís Pascual: hoy

Antonio Canales: hoy

Zoé Valdés: la próxima semana, en tres o cuatro días.

3 (a) Partes del espectáculo:

dos partes o montajes: el primero se llama *Bernarda* y el segundo, *Guernica*.

(b) Contenido del espectáculo:

Bernarda: está basado en la obra de teatro de F. García Lorca, *La casa de Bernarda Alba*. Es la historia de cinco hijas y una mujer. Antonio Canales hace el papel de Bernarda. Toda la compañía de baile son hombres.

Guernica: es una coreografía inspirada en el cuadro de Picasso.

(c) Cuánto tiempo llevan ensayando: seis semanas.

Actividad 1.15

1

12 mi	preparar las preguntas para una entrevista a Almodóvar
13 ju	entrevistar a Almodóvar (mañana). Ver un par de estrenos y hablar con algunos actores (tarde)
14 vi	escribir críticas de las películas
15 sa 16 do	} ir con la familia a la casa de campo
17 lu	reunirme con el equipo de producción
18 ma	grabar el programa (mañana), emisión del programa (noche)
19–25	nada
26 mi	entrevistar a Federico Andahazi
27 ju	dentista

2 el resto de esta semana, esta tarde, mañana, la semana que viene, mañana por la mañana, por la tarde, pasado mañana, este fin de semana, el próximo lunes, el martes por la mañana, dentro de una semana, la semana siguiente

3 The structures used for making plans are:

Esta tarde **voy a** preparar…

… y **vamos a** incluir la entrevista…

… **pienso** salir con el equipo…

… **voy a** ir a un par de estrenos…

… **hablaré** con algunos actores…

… **voy a** escribir…

... **tengo planeado** ir con la familia...

... **me reuniré** con el equipo de producción...

... **tenemos** la grabación del programa...

... **tengo** otra entrevista...

... no la **tengo planeado**...

... **tengo** hora en el dentista...

El baúl de los recuerdos

The present indicative: La entrevista es mañana a las ocho.

Pensar + *infinitive*: Pienso entrevistar a Almodóvar la semana que viene.

Ir a + *infinitive*: Va a entrevistar a Antonio Canales esta tarde.

The future tense: La semana que viene entrevistaré a Zoé Valdés.

Tener planeado + *infinitive*: Tenemos planeada una entrevista con Tony Blair.

Unidad 2

Actividad 2.1

1 (a) (iv); (b) (iii); (c) (i); (d) (vi); (e) (ii); (f) (vii); (g) (v)

2 (a) (vii); (b) (i); (c) (vi); (d) (ii); (e) (iii); (f) (v); (g) (iv)

3 Here are some model answers:

- A mí me interesan las secciones de cultura y economía.
- A mí las secciones que más me interesan son los deportes y los sucesos.

Actividad 2.2

1 Primera noticia: Educación

(This refers to *Educación* rather than *Cultura* because *libros de texto* are school textbooks.)

Segunda noticia: Turismo

Tercera noticia: Economía

2 (a) Las Islas Baleares.

(b) 6.600.000

(c) 7,7%

(d) Inglaterra, Alemania y España.

(e) 737 mil millones de pesetas.

Actividad 2.3

2 The correct order is: (e), (b), (a), (f), (c), (d).

4 Here are some possible answers. Yours will be different but you should have used the same structures and the expressions in bold.

- **Creo que no se deben** mostrar nunca en televisión los actos sexuales explícitos **porque** se puede ofender a la audiencia.
- **Opino que se pueden** mostrar los actos sexuales explícitos sólo a ciertas horas **porque** no es conveniente que los menores de edad los vean.
- **Pienso que no se deben** mostrar nunca en televisión los actos violentos **por** su carácter destructivo.
- **Creo que se pueden** mostrar por televisión los desnudos a cualquier hora **porque** pueden terminar con el pudor que mucha gente tiene con respecto a los desnudos.

Actividad 2.4

You might have written some sentences similar to these:

Está prohibido jugar a la pelota.

No se puede conducir rápido por el centro.

Está prohibido fumar.

No está permitido montar en bicicleta sin timbre.

Está prohibido pasear el perro.

No se puede tender la ropa en los balcones.

No se puede escuchar la radio en la calle.

Está prohibido tirar agua sucia a la calle.

Actividad 2.5

1 The extract about sports is the one that starts *Los comentaristas ingleses…* The key words are: *futbolistas*, *jornadas*, *resultado*, *partido*.

2 The extracts recorded are from the following programmes and were in this order:

(b) noticias

(h) programa informativo

(d) programa musical

(c) información económica

(o) deportes

(f) espacio cultural

(e) magazine (This is a *magazine* not a *debate*, as it is less serious in tone.)

(m) avance de la programación

(b) noticias

(l) anuncio publicitario

3 (a) No, lo que le encanta a Juan son los dibujos animados / programas infantiles.

(b) No, la que prefiere las noticias es María.

(c) No, lo que prefiere Ramón son las series de intriga / de humor.

(d) No, la que prefiere las películas es Isabel.

(e) No, el que prefiere los programas infantiles es Juan.

(f) No, lo que le gusta a Juan son los dibujos animados / programas infantiles.

(g) No, la que prefiere los cotilleos es Dolores.

Actividad 2.6

1 Canal 1; Canal 2; Tele Mundo; Tele XXI; Canal Andino.

2

	Gustos	Título del programa	Día y hora
Pepe	Deporte Tertulia	¡Golazo! ¡A toda vela!	domingo, 21.45 jueves, 14.30
María	Noticias Magacín	Noticiero Tele Mundo Crónica del día	lunes, 22.00 jueves, 11.30
Dolores	Teleserie Cotilleos y reportajes	Un matrimonio feliz Me han contado que…	domingo, 21.00 lunes, 15.40
Isabel	Documental Película	Naturaleza iracunda La máscara de la muerte	domingo, 19.30 domingo, 23.50
Ramón	Serie de humor Serie de intriga	Cheers Expediente X	jueves, 14.00 domingo, 22.45
Juan	Dibujos animados Programa infantil	Los chinchilines Club Michín	miércoles, 8.35 martes, 7.30

Actividad 2.7

1 (a) Estudio General de Medios

(b) La SER

(c) La COPE

(d) RNE-1

(e) RNE-1 ha perdido el 21,92%

(f) 6,93%

3 ha aumentado
se ha distanciado
ha descendido
ha perdido
ha sido
han disminuido

El baúl de los recuerdos

- The perfect tense is formed with the present tense of *haber* + past participle of the verb.
- The past participle of verbs ending in '-ar' is formed by replacing '-ar' by '-ado' (*cantar, cantado*).
- The past participle of verbs ending in '-er'/ '-ir' is formed by replacing '-er'/'-ir' by '-ido' (*comer, comido, vivir, vivido*).

Examples
aumentar: aumentado
descender: descendido
disminuir: disminuido

The irregular past participles are:

cubierto, dicho, escrito, ido, puesto, visto, vuelto

4 The perfect tense is commonly used in Spain when reporting statistics to indicate their relevance to the present time. For more information about the use of the perfect tense see pages 9–10 of the Spanish Grammar.

Actividad 2.8

Here is a model text. Yours will be different, but you should have used at least some of the verbs in the perfect tense.

> *El País* **ha aumentado** un 2,3% el número de lectores en el periodo octubre 1996–mayo 1997. Sigue a la cabeza de la prensa diaria con más de un millón y medio de lectores, según los últimos datos del Estudio General de Medios (EGM). Además *El País* es el único diario que **ha ganado** lectores. Todos los demás **han disminuido** el número de lectores. *El Mundo* es el diario que **ha perdido** más lectores pero sigue manteniéndose en tercer lugar. Por su parte, *El Periódico* se sitúa en segundo lugar con un descenso del 2,5%. A mayor distancia se sitúan *La Vanguardia, El Correo español* y *La Voz de Galicia*, este último **ha experimentado** un mínimo descenso de 0,4 %.

Actividad 2.9

1 Episodio 1 (e); Episodio 2 (c); Episodio 3 (f); Episodio 4 (b); Episodio 5 (g); Episodio 6 (a); Episodio 7 (d)

2 Episodio 1 El abuelo **está saludando** a su hijo a su llegada a Madrid.

Episodio 2 Don Zacarías y Carlos **están jugando** a las damas en la casa.

Episodio 3 La familia **está pasando** un día en el balneario.

Episodio 4 Don Zacarías **está recordando** los acontecimientos del día de su boda.

Episodio 5 Isabel **está leyendo** la carta del médico confirmando su embarazo.

Episodio 6 Carlos **está regalándole** a Isabel un ramo de flores en el día de San Valentín.

Episodio 7 Carlos **está llamando** repetidamente a la puerta de la habitación donde está Isabel encerrada.

Actividad 2.10

2 The correct ending is (b).

Actividad 2.11

2 (a) Una sección en la que unos invitados se reúnen con Julia para hablar sobre un tema: *el Gabinete*

(b) Un espacio de informativos: *Noticias del día*

(c) Una sección de humor: *España va bien*

(d) Un espacio sobre los secretos de la gente famosa: *Fuera de Contexto*

(e) Una sección sobre la actualidad cinematográfica: *Día del espectador*

3 (a) Colaboran también otras personas.

(b) Las novedades que presenta el espacio para esta temporada son:
- *España va bien*
- *Gente Corriente*
- *Fuera de Contexto*

(c) magazine

Actividad 2.12

1 (a) Son George Soros, Bill Gates y Ted Turner.

(b) George Soros es húngaro. Es el especulador financiero más famoso y más rico del mundo. Se le considera el causante de la expulsión de la libra esterlina del sistema monetario europeo. Dedica gran parte de su dinero a financiar sus actividades filantrópicas.

Bill Gates es estadounidense, cofundador y actual dueño de la compañía de software, Microsoft.

Ted Turner es estadounidense, creador de la cadena de televisión CNN. Ha donado una importante suma de dinero a la ONU (Organización de las Naciones Unidas).

(c) Los tres son multimillonarios.

2 (a) (ii)

(b) (iii) (Los tres invitados son Fernando Fernández de Troconi, Manuel Delgado y Pedro Altares.)

(c) (ii)

Actividad 2.13

2 (a) Falso. (El invitado menciona las fundaciones filantrópicas de Rockefeller o Getti, que llevan operando desde hace muchos años.)

(b) Falso. (No menciona esto en ningún momento, pero sí desconfía un poco.)

(c) Verdadero.

(d) Falso. (Un invitado comenta esta posibilidad y dice: '... ése es el problema ¿eh? ¿Alguien ha llegado a tener tanto dinero por métodos estrictamente limpios?')

(e) Verdadero.

(f) Verdadero.

El baúl de los recuerdos

Asking someone's opinion	Giving opinions	Agreeing and disagreeing with someone's opinion
¿Ustedes qué creen?	Me parece (que)... Yo creo que...	... no estoy de acuerdo en absoluto... Yo no estoy tan convencido de que...

4 You may have mentioned some of the following (the *usted* form is used in these questions).

Asking someone's opinion	Giving opinions	Agreeing and disagreeing with someone's opinion
¿Y usted qué opina?… ¿Qué le parece …? ¿Qué piensa usted de…?	Es evidente que… Está claro que… Para mí,… En mi opinión,… A mi parecer,…	Estoy completamente / absolutamente de acuerdo. No me parece bien.

Actividad 2.14

2 Here is a model for your summary.

El primer oyente piensa que los métodos de estos multimillonarios para ganar dinero no son limpios, pero le parece bien que lo utilicen para acciones filantrópicas.

El segundo oyente no está de acuerdo en absoluto con los multimillonarios, cree que los valores de la sociedad son erróneos, se valora más el dinero que la espiritualidad o la vida sencilla.

Actividad 2.15

(a) Se refieren al coche.

(b) Millonario de unos 40 años, burgués, vive en la ciudad, se dedica a las finanzas o a la economía en general.

Campesino de unos 50 ó 60 años, vive en el campo, trabaja como labrador.

(c) Parece que Quino valora más la vida sencilla del campo, no da valor al dinero o al lujo.

Unidad 3

Actividad 3.1

1 (a) (iii); (b) (i); (c) (v); (d) (ii); (e) (iv)

2 You could have mentioned some of these situations:

- Perder un avión importante para realizar un reportaje.
- Recibir insultos del público / participantes / oyentes.
- Perder el micrófono por el suelo.
- Tropezarse y caerse al suelo durante un programa en la tele.
- Arreglarse el pelo o la corbata segundos antes de una retransmisión en directo, cuando en realidad todos los telespectadores están viéndolo.

Actividad 3.2

5 García Márquez no quería dar una entrevista.

2 Manolo Román localizó el hotel donde se alojaba García Márquez.

4 García Márquez se escapó en un taxi.

3 Manolo Román consiguió hablar con él en el aeropuerto, antes de marcharse de regreso a Colombia.

1 García Márquez fue muy amable con Manolo Román y los otros periodistas.

Actividad 3.3

2 (a) ¿Sabes lo que me pasó (el otro día)?

A mí una vez me pasó una cosa… + *adjective*

(b) Resulta que…

Estaba en… y…

3 ¡Menos mal!

¡Qué horror!

¡Qué desagradable!

¡Es verdad!

¡Qué bueno!

¡Qué casualidad!

¡Qué miedo!

El baúl de los recuerdos

- Reacciones positivas:
  ¡Qué suerte!
  ¡Qué bueno!
  ¡Qué chévere!
  ¡Qué bien!
- Reacciones negativas:
  ¡Qué desagradable!
  ¡Qué rollo!
  ¡Qué horror!
  ¡Qué miedo!
- Para mostrar interés:
  ¿Y qué pasó?
  ¿En serio?
  ¿Sí?
- Para mostrar sorpresa:
  ¡Anda ya!
  ¡Ándale!
  ¡Híjole!
- Para expresar pena:
  ¡Qué pena!
  ¡Qué lástima!
  ¡Qué mala suerte!
- Para expresar alivio:
  ¡Menos mal!

Actividad 3.4

1 (a) Se trata de un símbolo de una inocentada.

(b) El 28 de diciembre, Día de los Santos Inocentes.

(c) En el Reino Unido se celebra *April Fools' Day*, el día 1 de abril.

2 (a) (i) dar los últimos toques (líneas 4–5): Terminar los últimos detalles de un trabajo o una obra.

(ii) nada más y nada menos (líneas 16–17): Expresión que se utiliza cuando se quiere dar gran valor a una cosa o persona.

(iii) el mismísimo García Márquez (línea 17): el famosísimo / importantísimo / conocidísimo García Márquez.

(iv) ponerse manos a la obra (línea 19): empezar a hacer algo, ponerse a trabajar.

(v) tomar el pelo (línea 42): hacer una broma a una persona.

(b) You should have mentioned the following as being true, rather than made up by Olga Gómez's colleagues:

(i) Gabriel García Márquez no estaba visitando los estudios.

(ii) Todos los micrófonos funcionaban, no estaban estropeados.

(iii) El cámara no se desmayó en realidad, simuló que se desmayaba.

(iv) Había suficientes sillas en el estudio, pero seguramente las habían escondido en alguna otra parte.

3 Primero/para empezar

luego/después/entonces

encima/además

finalmente

Actividad 3.5

2 Acontecimientos

(a) pasar una cosa

(b) recibir una llamada del director general

Circunstancias

(a) trabajar en el estudio

(b) dar unas instrucciones

3 The events are written in the preterite tense. The circumstances are written in the imperfect tense.

4 You should have written the verbs in the left-hand column in the imperfect tense and the verbs in the right-hand column in the preterite:

Circunstancias	Acciones
Cuando escribía un informe en la oficina	Recibí un fax urgente
Cuando leía el periódico	Son**ó** el teléfono
Cuando preparaba la cena	Escuché un ruido extraño
Cuando salía del restaurante	Vi un accidente
Cuando veía la televisión	Llama**ron** a la puerta
Cuando salía para el trabajo	Recibí una carta
Cuando entraba en el coche	Puse la radio
Cuando compraba en el supermercado	Encontré un billete de 10.000 pesetas
Cuando regresaba a casa	Sentí un dolor agudo en el estómago

Note: the endings in bold show that the verb is in a different person from the verb in the left-hand column.

Actividad 3.7

1 You might have thought of something similar to:

(a) La publicidad sirve para lanzar un producto y/o aumentar la cifra de ventas. También sirve para informar de algún asunto en campañas de sensibilización de la población: contra las drogas, uso perjudicial del tabaco, etc.

(b) La publicidad juega un papel muy importante a nivel económico en los medios de comunicación. Muchos medios de comunicación dependen esencialmente de los ingresos procedentes de la publicidad.

2 (a) Manolo Román tiene una visión bastante pesimista del futuro de los espacios culturales en la televisión en España.

(b) Las televisiones se financian a través de la publicidad.

(c) Se dirige a donde está la audiencia.

(d) No elige los programas culturales.

Actividad 3.8

1 Here are the definitions in Spanish, with the English translations:

(a) un spot: anuncio en televisión. (*commercial / advert*) (En Hispanoamérica se dicen 'comerciales' o 'propagandas'.)

(b) un anuncio: cualquier escrito, dibujo, etc. que sirve para anunciar, propagar información. (*advert*)

(c) una campaña: actividad en que se anuncia un producto por un periodo de tiempo para promoverlo. (*campaign*)

(d) una cuña: anuncio en la radio. (*radio commercial / advert*)

(e) un eslogan: expresión breve muy significativa y fácil de recordar que se usa en publicidad. (*slogan*)

(f) una valla: gran tablón de anuncios en las calles donde se fijan posters publicitarios. (*hoarding*)

(g) una marca: palabra o palabras que designan un producto. (*trademark / brand*).

2 Here are some examples of what you might have said:

(a) Hay productos como coches, detergentes, electrodomésticos, refrescos, cerveza, cigarrillos, ropa, ordenadores, perfumes que se anuncian más que otros.

(b) En revistas, periódicos, televisión, radio. En el cine, antes de la película. En la calle, en carteles, vallas, anuncios luminosos.

(c) Sobre todo en fechas como Navidades, el Día de San Valentín, el Día del Padre o de la Madre.

(d) Quizás las revistas por las fotografías a color y la televisión por las imágenes atractivas.

3 (a) Mafalda tiene una opinión negativa de la publicidad.

(b) 'Los muy malditos' se refiere a los publicistas que según Mafalda usan la publicidad para manipular a los televidentes.

(c) This is a model answer:

Opino que la publicidad es necesaria para hacer saber a la gente qué productos existen, pero a mi parecer hay demasiado énfasis en la promoción del producto en vez de en su calidad.

Actividad 3.9

1 (a) (v); (b) (ii); (c) (i); (d) (vi); (e) (vii); (f) (iv); (g) (iii)

2

	Informal	Formal
Sin pronombres	encuentra ten	lea disfrute
Con pronombres	llévatelas márchate únete	búsquese relájese dedíquese

El baúl de los recuerdos

En afirmativo, la forma del imperativo con 'tú' de los verbos regulares es igual a la de **la tercera persona del singular del presente simple de indicativo.**

Hay ocho verbos irregulares:

poner: pon; hacer: **haz;** ser: sé; tener: **ten**

decir: **di**; salir: sal; ir: **ve**; venir: ven

La forma del imperativo con 'usted' de los verbos regulares es igual al **presente de subjuntivo.**

En el imperativo negativo, todas las formas son iguales a las del **presente de subjuntivo.**

En las formas del imperativo afirmativo los pronombres se colocan **después / detrás** y unidos al verbo, por ejemplo: *¡Díselo!*

En el imperativo negativo los pronombres se colocan **antes / delante** del verbo, por ejemplo: *¡No **se lo** digas todavía!*

Actividad 3.10

1 (a) cámbiese, sá**que**se*

(b) siga

(c) empie**ce***

(d) conéctate

(e) hazlo

* Note the spelling.

2 The structure is: *si* + present + imperative.

Actividad 3.11

1 Here are the products advertised in the order in which you heard them:

(a) Programa de radio
(b) Seguro del coche
(c) Programa de televisión
(d) Revista
(e) Supermercado
(f) Canal de televisión

2 Cuña 1: a los consumidores
Cuña 2: a propietarios de coches
Cuña 3: a los televidentes
Cuña 4: a las mujeres
Cuña 5: al público en general
Cuña 6: a las mujeres (y a sus maridos)

3 Puede comprobar sus respuestas consultando el Cuadernillo de transcripciones.

4 You could have said something like this:

(a) Un hombre imitando la voz de mujer llama para obtener información sobre el nuevo canal de televisión digital dirigido a la mujer. Es gracioso porque el anuncio juega con el papel de la mujer y el hombre en la sociedad. El mensaje intenta reflejar que aunque es un canal para mujeres los hombres también van a estar interesados.

(b) Creo que sí, pero no siempre. Para productos comerciales es una manera entretenida y efectiva de hacer publicidad. Para campañas de información a los ciudadanos me parece que no. Son temas serios e importantes para tratar con humor.

Actividad 3.12

As a model answer, here is a radio advertisement for the distance learning Spanish course, *En rumbo*:

> Si quiere saber decir algo más que 'una cerveza, por favor' o 'hasta la vista, amigo', aprenda español, el tercer idioma más hablado en el mundo. Si no tiene tiempo para ir a clases, no se preocupe. Ahora tiene la oportunidad de estudiar en su propia casa con el curso a distancia de la *Open University*, *En rumbo*.
>
> Infórmese en su librería. ¡Apúntese y verá lo que es bueno!

Actividad 3.13

1 (a) (iv); (b) (i); (c) (ii); (d) (vi); (e) (v); (f) (iii)

2 As a model here is the opinion of a Spanish journalist:

> Posiblemente el invento más importante sea Internet porque por primera vez la comunicación social puede realizarse de forma masiva, bidireccional, sin intermediarios y a escala planetaria. Internet es definitivamente el avance más importante en cuanto a poner al alcance inmediato de los usuarios información global. Internet ha empezado a revolucionar y seguirá revolucionando el mundo de las comunicaciones.

3

Hechos puntuales	Acciones habituales
El teléfono **fue**...	muy pocas personas **sabían** escribir...
Revolucionó las posibilidades...	los escribas... **escribían** sus mensajes...
fue posible mandar	Los monasterios **eran**...
Gutenberg **inventó**... **abrió** las puertas	los monjes **redactaban**... Nuestros antepasados... no **tenían**... se **comunicaban**...

4 See *El baúl de los recuerdos* on page 168.

Actividad 3.14

1 se comercializó

2 diseñó

3 escuchaba, se sentaban

4 equivalía, tenían

5 se emitieron

6 se proyectaban, acompañaba

7 fue

8 revolucionaron

Actividad 3.15

2

Antes	Ahora
teníamos, escuchábamos, charlábamos, se comunicaba, era, mandaba, llegaban, tardaban	hay, podemos, pasa

3 Here are examples of what you might have written:

(a) el vídeo   Antes la gente se perdía los programas de la televisión si estaba ocupada o fuera de casa. Ahora podemos grabar los programas y verlos otro día.

(b) el ordenador   Antes teníamos que escribir todo a mano o a máquina y tardábamos mucho en escribir documentos porque corregir los errores costaba tiempo. Con los ordenadores escribir una carta es mucho más rápido y es fácil borrar los errores.

(c) el cassette   Antes no podíamos grabar nuestra voz. Sólo se podía hacer en un estudio de grabación. El cassette ahora nos permite grabarnos, grabar música y programas de la radio.

(d) la Internet   Antes teníamos que ir a la biblioteca para hacer consultas y buscar información, ahora podemos hacer consultas rápidas desde nuestra casa con un ordenador personal.

(e) el fax   Antes enviábamos todos los documentos por correo y tardábamos en recibirlos, ahora el fax nos permite enviar cualquier documento escrito en unos segundos.

Actividad 3.16

1 The answers are in bold.

¿Qué contiene la Internet? Imaginemos un tablón de anuncios gigantesco y abierto a todos. Las instituciones oficiales lo utilizan para difundir sus puntos de vista; las empresas, para darse a conocer; las universidades, **para proyectar su enseñanza**; los jóvenes, para ponerse en contacto; los locos, **para sus locuras**; los coleccionistas, para localizar a otros; los artistas, **para exhibir su obra**; los que quieren estar a la moda, para no quedarse atrás; los periódicos, **para ensayar nuevos sistemas de información**; los poetas, para aumentar sus lectores; los graciosos, **para contar chistes**; los investigadores, para unirse a la comunidad internacional; los ociosos, **para divertirse**; los pervertidos, para encontrar a otros con sus aficiones; los trabajadores, **para trabajar**; los vendedores para vender; los consumidores, **para comprar**; los ladrones para intentar robar a unos y a otros. Como en la vida misma.

2 Here are some possible answers:

(a) la/el oficinista **para charlar con sus colegas y otras personas en horas de trabajo sin que se entere el jefe ¡y para encontrar otro trabajo más interesante!**

(b) los ratones de biblioteca **para pasarse horas delante del ordenador buscando información para su investigación**.

(c) los 'hackers' o piratas informáticos **para infiltrarse en las redes de los demás y entrar en las áreas prohibidas**.

(d) los cibercafenautas **para pasarse horas fuera de casa e intentar ligar con el usuario / la usuaria que está a su lado**.

Actividad 3.17

Persona	Sí/No	Para qué
1	No, nunca	
2	Sí	(es una herramienta bastante útil)
3	Sí	para buscar información para otras cosas como viajes y demás
4	No	

Actividad 3.18

1 Mensaje A: predicciones. Mensaje B: deseos.

2 En el mensaje A se usa mayoritariamente el futuro (aumentarán, será etc.) y en el mensaje B se usa el presente de subjuntivo (sea, entre etc.).

3 Here are some model sentences. Yours will of course be different but you should have used the same tenses: the future tense for predictions and the present subjunctive to express wishes.

Predicciones

- Radio: La radio se podrá conectar por Internet a tiempo real con sonido en alta fidelidad.
- Televisión: La televisión será más interactiva y los televidentes podrán participar más activamente desde sus casas. No habrá más antenas, la televisión será por cable.
- Prensa: La prensa diaria disminuirá y habrá menos periódicos pero más revistas especializadas y semanarios.
- Internet: Todo el mundo usará Internet y el acceso será mucho más rápido.

Deseos

- Radio: Espero que se puedan sintonizar emisoras de otros países con transistores pequeños con la misma calidad de las emisoras que emiten en frecuencia modulada (FM).
- Televisión: Espero que la televisión por carta sea una realidad y podamos escoger los programas que queremos ver.
- Prensa: Deseo que no desaparezca debido al poder y la influencia de Internet.
- Internet: Deseo que aumenten las páginas en español, y que el inglés no domine la comunicación en Internet.

Acknowledgements

Grateful acknowledgement is made to the following sources for permission to reproduce material in this book:

Text

Page 19: adapted from Daniel Samper Pizano (1992) 'Seco, impúdico, directo y gritón', *Cambio 16*, 14 September 1992; *page 49:* Ariana Fernández Muñoz (1996) '¿Qué América quiero?', *La America que Queremos*, Año 2, Número 6, December 1996, Programa de las Naciones Unidas para el Medio Ambiente; *page 51:* José Piero (1987) 'Ojalá... con gran amor', *Gaviota*; *pages 55, 56 and 57:* adapted from Susana Tello (1994) 'Ingeniero ¡Huy Qué Miedo!', *Cambio 16*, no. 1174, 24 May 1994; *page 74:* Gonzalo Aragonés (1997) '¡Qué duro es ser joven!', *Cambio 16*, 17 February 1997; *page 142:* 'La cadena SER refuerza su liderazgo y se distancia aún más de sus competidores', *El País*, 26 June 1997, © Diario El País Internacional SA; *page147:* http://ondacero.es/prog_02.htm; *page170*: Millan, Jose Antonio (1996) 'Pierda el miedo a la red que está cambiando el mundo', El País, 20 January 1996, © Diario El País Internacional SA.

Illustrations

Page 59: from 'Marina', in *Mía*, No. 553, 14-20 April 1997; *pages 135, 151 and 163*: © Quino/Quipos; *page136*: 'El dial de Madrid', *El País*, 23 November 1997, © Diario El País Internacional SA; *page 141*: 'Audiencia de radio', El País, 26 June 1997, © Diario El País Internacional SA; *page 143*: 'Lectura de diarios', 'El País supera el millón y medio de lectores', *El País*, 26 June 1997, © Diario El País Internacional SA; *page 148 (left):* Daniel Simon/FSP; *page 148 (middle):* Courtesy of Microsoft Press Office, UK; *page 148 (right):* Gamma/FSP.

Cartoons by Ray Webb.

Cover photo (of ship) by Max.

This text forms part of the Open University course, L140 *En rumbo: A fresh start in Spanish*. The course comprises the following titles:

En rumbo 1: Encuentros and ***El tiempo libre***

En rumbo 2: Natural como la vida misma and ***Hechos y acontecimientos***

En rumbo 3: Los tiempos cambian and ***El arte al alcance de todos***

En rumbo 4:¡No lo dejes para mañana! and ***Los medios de comunicación***